Superviviencia en la Era de los Grandes Cambios

NELLY BARCOM

Para recibir información, diríjase a Nelly Barcom at
nellybarcom@aol.com

Cubierta diseñada por Annelies Graf,
Handeyecreations@gmail.com.

DEDICATORIA

Dedico este segundo libro de todo corazón y con mi más humilde sentimiento a los niños de todos los tiempos, a quienes todo adulto debe la deuda más grande que se pueda contraer, el cuidado de nuestro verdadero albergue, mi querido planeta Tierra.

AGRADECIMIENTO

Agradezco a todos los que contribuyeron en la compaginación de los archivos originales y en la producción de este libro: a Samantha por escribir cada palabra de los archivos originales en forma electrónica, a Olga e Ilse por la revisión de las primeras versiones, y a Annelies por la impresión del libro y la producción artística de la cubierta.

CONTENIDOS

PROLOGO...1
Evolución Individual : Evolución Global
CAPITULO UNO..4
Planeta en Marcha Evolutiva, Humanidad en Crisis
CAPITULO DOS...13
Cambio Individual, Depuración Institucional, y Evolución Social
CAPITULO TRES...20
Preparación para la Supervivencia en Épocas de Emergencias
CAPITULO CUATRO...26
Transición Hacia los Grandes Cambios
CAPITULO CINCO...35
En La Hora Cero Del Día Cero
CAPITULO SEIS...44
El Amanecer en el Nuevo Mundo
CAPITULO SIETE..51
Desarrollo de Sentidos Extra-Sensoriales y
la Evolución de la Consciencia
CAPITULO OCHO...58
Evolución de Consciencia: Evolución Fisiológica
CAPITULO NUEVE...75
Evolución del Grupo, Erradicando el Hambre, Abrazando la Paz
CAPITULO DIEZ...89
Dios
CAPITULO ONCE...95
En el Nuevo Mundo
CAPITULO DOCE...101
Cambios Transformacionales
CAPITULO TRECE..126
Guía Para los Que Caminan Hacia los Grandes Cambios

PROLOGO

Nos encontramos en un ciclo destructivo con aumento persistente en pérdidas de vidas causadas por desastres naturales, y confrontaciones violentas generadas por actividad humana. Este ciclo no terminará rápidamente, y su prolongación desgastará las fundaciones básicas de nuestra civilización. La destrucción dejará grandes cambios en la superficie de la tierra, y concluirá sólo cuando evolucionemos lo suficiente para colaborar en beneficio de todas la naciones del mundo.

Diariamente enfocamos nuestra atención en la política, economía, conflictos bélicos, entretenimientos y necesidades. Poco reparamos en la posibilidad de que nuestro planeta esté transitando un camino evolutivo independiente al nuestro, y que sus sistemas geológicos y ecológicos pudieran amenazar la vida humana.

Evolución Individual: Evolución Global

Considerando la aceleración evolutiva de nuestro planeta, el mapa genético humano carece de la chispa evolutiva que nos permita llegar al estado de consciencia necesario para sobrellevar los cambios que ya se aproximan. Los desastres naturales seguirán afectando nuestras vidas, destruyendo hogares e infraestructura, hasta que comprendamos que sólo la colaboración internacional puede neutralizar el impacto que la Tierra está imponiendo sobre nuestra civilización. Trágicamente, hasta la fecha de impresión de este manuscrito, la mayoría de los que se preparan para sobrevivir este ciclo destructivo piensan en las necesidades fisiológicas y de seguridad personal, pero ignoran que es tanto o más importante evolucionar sicológicamente y expandir nuestras consciencias hacia la colaboración, el respeto mutuo, y el altruismo.

Continuamos viviendo con la ilusión que de una manera u otra se podrán sobrellevar los estados de emergencia que ya se sufren frequentemente. Esta autodecepción incluye la idea de que la interdependencia tanto entre vecinos como países no será un factor clave para la supervivencia. Hoy queda ya poco tiempo para la preparación evolutiva que hará posible elucidar las posibilidades de supervivencia. En nuestra trayectoria actual no podremos evitar la pérdida de vidas en masa durante la Era de Grandes Cambios.

Hasta el presente, nuestra evolución ocurre, en mayor proporción, por la urgencia de suplir necesidades económicas, fisiológicas y emocionales, pero no por medio de la madurez sicológica, espiritual, y científica. La evolución individual y global requiere no sólo superar nuestro estado bélico, sino también detener la explotación de las sociedades sin recursos propios y la persistente destrucción de sistemas regenerativos en nuestro planeta.

Cada uno de nosotros, no importa donde vivimos, podemos comenzar el camino evolutivo. El proceso comienza con el deseo de entender lo básico sobre nuestra existencia y de no ceder a los bosquejos ya programados en nuestras mentes. El camino hacia la evolución requiere investigar y cuestionar las pautas y patrones de comportamiento que llevaron a nuestra civilización al estado actual.

Comunicación: Punto de Inflexión

Desde mediados del siglo veinte se comenzó a comunicar la necesidad imperativa de que la humanidad emprenda un cambio evolutivo con tiempo suficiente para corregir el rumbo suicida en que hoy nos encontramos. Los seres que han tomado la responsabilidad de estimular nuestra evolución lo hacen con el propósito de evitar la destrucción de nuestra civilización y la de los sistemas regenerativos de nuestro planeta. Ellos urgen que evolucionemos individualmente, establezcamos verdaderos lazos de colaboración internacional, y detengamos las violencias y los conflictos bélicos. Los capítulos que siguen son compendios de comunicaciones que ocurrieron entre 1974 y 1977.

CAPITULO UNO

Planeta en Marcha Evolutiva, Humanidad en Crisis

El planeta Tierra se aproxima a un estado de cambios que producirán manifestaciones violentas en su superficie, quebrantos económicos, y la transformación de la vida social en todos los países del mundo. Muchos de vosotros tendréis que vivir estas experiencias.

Sólo insistiremos en que toméis el camino de la evolución como el acto más importante de vuestro futuro. No os pedimos que creáis en dogmas o milagros que no podéis ver o tocar. Sólo os pedimos que investiguéis y meditéis hasta que los ojos de vuestra consciencia se abran a la realidad.

Para comenzar os pedimos que visualicen la Tierra como un globo suspendido en medio del espacio que no os pertenece. Vosotros sois sus habitantes pero no sus dueños. Tal vez no creáis que sea así, pero si necesitáis un habitáculo para vivir, firmaréis un compromiso para deshabitarlo en cierto tiempo; de lo contrario extenderéis vuestra obligación por más tiempo siempre asumiendo el cuidado y la protección del desgaste por el uso y sin dejar de pagar la renta. Precisamente, vuestro contrato para habitar la Tierra lo firmásteis con el Universo y llegará a su fin en un futuro cercano. Los contratos con el Universo poseen cláusulas inexorables. La Tierra seguirá su evolución transladandose a otro plano dimensional y se llevará consigo las mejores consciencias humanas que le dieron el limitado cuidado que pudieron ofrecerle.

Los designios Universales todavía no son explicados por vuestra ciencia, pero un día esto cambiará. Durante La Era de Cambios los seres humanos desviarán sus mentes de los conflictos bélicos y la explotación desmedida del planeta para poder sobrevivir. Movimientos sísmicos desestabilizarán la actual posición del eje del planeta y provocarán graves desastres.

No es nuestro deseo hacer críticas al planeta ni a sus habitantes, pero vosotros jugáis con vuestro planeta y las vidas de sus pueblos con la misma ignorancia e irresponsabilidad que un infante jugaría con fuego sin la supervisión de su madre. Nuestra misión es despertaros a la necesidad de la armonía y la paz que significa evolución. Solo así os salvaréis vosotros y vuestros hijos de los grandes desastres. Sólo así existirá el contacto, de unos con los otros, en forma pacífica y con amor, ya que todos vosotros sois hijos de la Madre Tierra. Si llegáis a convivir con personas de cualquier parte del mundo, sin pensar que no son vuestros enemigos porque provienen de otra cultura, color o religión, entonces este planeta estará en condiciones para asumir el paso al nivel vibracional de la Cuarta Dimensión, sin fracturas y con todos sus habitantes.

Vosotros presenciaréis cambios muy específicos y veréis sus signos catastróficos en la vida social, en los quebrantos económicos, en el empobrecimiento de las más grandes potencias, la miseria, el hambre, las enfermedades, y los cambios bruscos en la superficie de la Tierra. Terremotos, maremotos, inundaciones, tornados, huracanes, tsunamis, erupciones volcánicas, y otros fenómenos naturales que se intensificarán en el futuro azotarán la Tierra y sus habitantes. Los cambios no destruirán totalmente a la Tierra, pero dejarán grandes pesares, atraso, dolor e involución.

Nosotros sólo queremos traerles esta realidad del momento en que estáis existiendo. Os ofrecemos la oportunidad a todos, pero los requisitos del conocimiento se deberán cumplir. El más importante es el sincero deseo de conocer la Verdad. Quizás no creáis en mis palabras porque se les ofrece la oportunidad a todos. Vuestros sistemas biológicos tal vez sientan el enfoque que mantenemos sobre vosotros para ayudaros a despertar, pero este contacto sólo se puede hacer si existe armonía y plena cooperación en vuestra vibración. Estamos proyectando energías positivas a las masas humanas de este planeta para su crecimiento, y para estimular su habilidad de percibir, preguntar y comprender.

Evolución Individual

Recordad que el futuro de este planeta no depende sólo de sus habitantes sino que responde a un reloj universal. Necesitaréis evolucionar al tiempo universal porque éste representa ciclos que no existen en la medida del tiempo conocido por vosotros. Aunque estáis dotados de un sistema biológico y una consciencia que sólo os permite tener experiencias en la Tercera Dimensión, vosotros podéis ampliar vuestro conocimiento si permitís la evolución de vuestro ser "integral o verdadero". Esto es posible si activáis los centros energéticos que hoy para muchos aún están cerrados. Cada día aumentará entonces la percepción de la "realidad". Cada día sentiréis más la paz interior y encontraréis más conocimiento dentro de vosotros mismos. Los centros energéticos han sido ampliamente difundidos en las prácticas del yoga y la meditación. Extendemos una invitación para que comencéis estas prácticas si son desconocidas por vosotros. Ellas os ayudarán a la meditación mas profunda, a la que os explicaremos cuando ya estéis preparados para un entendimiento más avanzado.

Los contactos carecerán de misticismo alguno sin apelar a los conceptos que han equivocado a la Humanidad por tantos siglos. Todos poseéis un potencial de desarrollo cuyos límites no podéis imaginar. Vosotros os acondicionaréis para encontrar la paz dentro de vosotros mismos y tendréis a vuestro alcance el conocimiento infinito. Despertaréis a un mundo casi desconocido porque la naturaleza, aunque maltratada, la descubriréis ante vuestros ojos mucho mas valiosa y bella. Sentiréis deseos de salvarla de la destrucción, aunque tendréis pesar y arrepentimiento porque el daño que habrá sufrido ya estará muy lejos de la reparación.

La Humanidad pertenece a una gran familia que cree conocer a quien llamáis Dios con nombres distintos. Sin embargo, deberéis evolucionar respondiendo solamente a las leyes del Universo que posee el conocimiento infinito. Por eso afirmamos que nuestras vibraciones se manifiestan en la Tierra siempre a tono con la vibración de quien es llamado Dios en todos los idiomas del planeta. Cuanto más desarrolléis vuestras capacidades de contacto con vuestro ser interior, más cerca estaréis para tener contacto con el Dios Universal. Vuestras experiencias serán individuales, pero sólo la cooperación y la coordinación de la mayoría permitirán un cambio armonioso del planeta Tierra hacia la Cuarta Dimensión. En esa dimensión, el ser humano estará plenamente consciente de su destino.

Desgraciadamente, todavía deberéis oponeros a la negatividad de muchos individuos que sólo creen en el poder, el oro y la fuerza. Por eso todavía existen las guerras, pero los detractores de la paz desconocen que destruyendo el equilibrio universal ellos desaparecerán y serán inútiles todo el oro, el poder y la fuerza que acumularon.

Los que trabajamos para mantener el equilibrio sideral, no estamos pensando en salvar el planeta sólo para el beneficio y desarrollo de la raza humana. Estamos tratando de proteger y conservar un elemento de equilibrio del sistema y un centro necesario para el desarrollo de viajes interplanetarios.

Muchos de vosotros ya contáis con algún grado de superación, que os permitirá pasar a planos más altos de consciencia. Desearíamos que fuéseis muchos más, pero como el tiempo que resta no abunda, lo emplearemos integralmente en ofrecerles oportunidades a todos, pero especialmente a aquellos que son más factibles de alcanzar su superación. Sabemos que contamos con la ayuda de muchos seres evolucionados que han sido preparados espiritualmente para cooperar con nosotros.

Nuestra Misión

No es común que nuestras comunicaciones sean captadas de esta forma, pero estamos tratando de practicarlas por todos los medios posibles. Toda la humanidad puede recibir esta alerta en todos los idiomas terrenales. Algunas naciones ya han evolucionado lo suficiente en esta cruzada, pero no son las más. Es necesario desviar el rumbo de seres que marchan hacia un fin funesto porque se arriesga perder el planeta y su lugar evolutivo ganado hasta hoy.

Nuestra primera misión es llamar a la Paz y apagar las llamas destructoras que se encienden en distintas partes del planeta. Los pueblos caen oprimidos y el nudo de la ignominia se va cerrando sobre la garganta de muchos, pero la destrucción deberá detenerse. No es verdad que estos desangres ocurren porque mejorarán la vida y los derechos de los pobres, los desamparados, y los que mueren de hambre. No habrán días mejores ya y si, muchos peores, si no os detenéis a tiempo.

La Paz no puede ser una pequeña palabra que se usa como un estandarte para llamar a los seres humanos a la guerra. En nombre de la Paz se han cometido los más horrendos crímenes y quienes repitan las mismas iniquidades conocerán el martirio que llevan implícitos en ellos mismos y que ayudaron a construir con sus egoísmos, sus ambiciones desmedidas, y sus desprecios por la raza a la que pertenecen. Los abusadores no encontrarán paz ni sosiego y experimentarán las escalas de consciencias inferiores desde el principio al fin.

Para educar al mundo del futuro hay que comenzar una acción coordinada. Deberemos apelar primero a los jóvenes para que se rebelen en contra de las guerras. Luego, podréis educar a los pueblos y detenerlos antes que caigan en el mismo abismo. Difusión es la palabra que lo revela todo. Hay que llevar esta alerta por todo el mundo, para que nadie levante un arma contra nadie, y para que no encuentren eco las palabras de los que quieren ganar adeptos para la destrucción. Nada puede perder más importante la humanidad que su planeta y sin él vosotros también estaréis perdidos. Paz es la palabra que hay que imprimir en los libros donde estudian los niños. Paz deben aprender a deletrear antes que mamá; porque no habrán madres si no hay Tierra, y sin Paz no habrá futuro.

Vosotros debéis recordar que la suerte de este planeta no está determinada, pero si desencadenan un peligro de destrucción incontrolable, esa destrucción puede eliminar a vuestro planeta del Universo. Hoy, existe conocimiento de planetas que reciclaron, y de otros cuyos restos quedaron atrapados por la fuerza de atracción y circunvalan a otros cuerpos celestes. Está en vuestras manos salvar a vuestro habitáculo.

No los abandonaremos. Nosotros seguiremos sugiriendo y tomando la responsabilidad de enseñaros, pero recordad que sólo los que acepten la responsabilidad de evolucionar con la energía del planeta podrán integrarse en la Cuarta Dimensión.

El Descarte de la Mentira

En vuestro pasado ídolos eran adorados por los súbitos de un dueño que ostentaba el título de Rey, Conde o Duque. Hoy siguen a candidatos políticos. Se montan verdaderas organizaciones de falsas promesas y simulaciones para apoyar a los candidatos de vuestros partidos políticos. Ellos son un ejemplo de lo organizada que está la mentira en vuestro planeta. Sin embargo, muchos de vosotros os sentiréis felices y orgullosos de pertenecer a tal o cual partido político. Es como si la raza humana necesitara pertenecer a un amo. Alguien que piense por ella y por supuesto, alguien que usufructe y negocie sus miserias y sus sudores.

¿Cómo es posible creer en los políticos que arengan enfáticamente el amor a sus pueblos, a los que no dudarán un instante antes de enviarlos a una guerra. ¿Son estos los políticos sanos y generosos, a los que entregáis el poder de vuestros países? ¿Por que no creéis en un médico o un cirujano que sube a una plataforma y promete curaos de todos vuestros males? A ellos les exigiréis idoneidad, capacidad y práctica en su profesión. Los médicos deben salvar vuestras vidas y sanar vuestros cuerpos que consideráis muy valiosos. Mientras tanto los gobiernos pueden llevar al holocausto a millones de seres humanos y vosotros no les exigís más idoneidad, que promesas y palabras aparentemente bien intencionadas. ¿No habéis comprendido que el ser humano no debe poseer este poder? No podéis idealizar a quienes pueden ser inspirados sólo por sus intereses mezquinos, debilidades o locura. Los gobernantes deben pasar las más profundas pruebas de idoneidad mental, física y espiritual. Deben ofrecer pruebas de todos sus niveles de consciencia y estar en el más alto tono de la Paz, el Amor y la Sabiduría. Gobernar no es tarea de los conflictivos políticos, ni tampoco será dirigir y poseer poder en el Mundo Nuevo que clamará por Justicia y Equilibrio para todos.

Para llegar a la paz, la Humanidad necesitará desterrar la simulación y la mentira de su sociedad. Vosotros tenéis que ser auténticos y veraces. No mintáis por razón alguna. Levantando una consciencia de veracidad y practicándola, veréis qué fácil es detectar al mentiroso y desenmascararlo. Es como un juego, un hábito, un nuevo sentido que sólo necesita práctica para desarrollarse como ocurre con todos. Practicad la verdad y la reconoceréis donde esté y la exigiréis como parte de vuestras necesidades del Futuro. Se condena a un ser que roba, mata o al que estafa dinero, pero no se condena al que miente y asevera lo que es una estafa. Comenzad por lo simple, y develaréis las incógnitas más complicadas. Pensad en esto e imaginad lo maravilloso que seria vivir rodeados de la verdad.

Vuestra Misión

No importa el tiempo que os lleve lo que os proponéis porque sólo será trascendente que lo llevéis a cabo. Comprendemos muchas de vuestras imposibilidades y limitaciones humanas, pero la espera ha sido demasiado larga. Vosotros ya no tenéis todo el tiempo que desearíamos poder brindaros. No deseamos empujaros a actos dislocados. Os ayudaremos dentro de nuestras limitaciones porque en esta dimensión también las tenemos. Vais al encuentro de dificultades, pero con labor y creatividad podréis resolverlas. Las pruebas pasadas y las que vendrán os darán la fortaleza que necesitaréis. Nadie es un superdotado ni un Mesías, sois sólo hombres y mujeres que desean detener la destrucción que amenaza a vuestro planeta y civilización. Si no es así no volveréis la próxima página de este libro.

Si continuáis leyendo no es por casualidad, porque las casualidades no existen en el equilibrio Universal. Las casualidades serían suicidas como muchos de vosotros, que buscáis la muerte de encarnación en encarnación. Después de cada vida vais a morir, sin buscar la verdadera eternidad que lleváis implícita en vosotros mismos.

Se os han ofrecido nuevas oportunidades, sin embargo, ahora ya no es el tiempo de la Humanidad el que se acaba, sino el de un Ciclo Universal y a este tiempo no se le distrae con casualidades y buenas intenciones. Se le acopla o se le abandona y si así lo hacéis, tendréis que aceptar el reciclo de la nada al todo nuevamente. Esto pasará con vosotros y vuestra misión. Un día la reconoceréis porque se acoplará también a vosotros. La veréis claramente aún cuando no se os dicte una lección más.

No Olvidéis lo Más Importante

Pregunta: ¿Qué es el Amor?

Repuesta: Amor es la fuente de la cual emana la Creación.

Amor es el Mandamiento más importante que la Humanidad recibió de Dios. El Amor es generoso y se encuentra siempre preparado para el sacrificio. Amor es la fuerza más potente, y no hay nada que él no puede conquistar.

Para que el nuevo milenio se detenga en su marcha funesta, vosotros deberéis revisar todas las estructuras para comprender los errores que habéis repetido. Esto no sería imposible si formárais un solo bloque con los países que hayan superado el odio, las ambiciones y los sueños desbordados del poder y deseen que reine la Paz. La Humanidad descubriría entonces que las conquistas no han servido a sus ambiciosos propósitos, que nada poseéis que sea verdaderamente vuestro y que habéis perdido la esencia maravillosa del Amor conque llegásteis a este mundo.

No olvidéis que todos sois hermanos y hermanas en vuestras consciencias y que no podéis herir a vuestro vecino sin lastimaros. Por cada dolor que inflijáis a los demás comenzaréis a conocer la soledad. Tal vez pueda explicarse mejor cuando esperáis recibir amor de un hijo al que amáis entrañablemente. Si ese amor no llega, es posible que ambos se hayan reunido con el único fin de establecer el equilibrio de un amor adeudado. Sólo si ese padre o madre sigue entregando amor y cierra las heridas, se habrá cumplido un feliz balance. Sin embargo, es posible que encontréis amor de hermandad en los desconocidos porque llegan a vosotros para pagar una deuda de vidas pasadas. En algunos casos, los equilibrios de las deudas karmáticas se realizan en otros niveles de existencia. También es posible que los lazos de amor sean tan profundos para padres o hijos que no sufran las heridas que les inflijan quienes compartan vuestras vidas. Ese es el milagro de los seres muy evolucionados. Están tan repletos de amor que el dolor no puede llegar a ellos, y deja solamente brillantes vibraciones de felicidad. Nada puede lastimar a un ser que lleva en sí la protección inviolable del amor. Si vosotros aprendéis a amar, la felicidad dejará de ser un fantasma perseguido en la oscuridad cuyo rostro nunca conoceréis. Por lo dicho recordad que el primer mandato siempre es: Amaos los unos a los otros.

CAPITULO DOS

La Denuncia de la Corrupción, y la Evolución

Les hablo a los que todavía no entienden lo que estamos difundiendo. A ellos quiero decirles lo que vendrá en la Tierra desde aquí en más.

Hay seres humanos en el planeta dedicados a denunciar y reemplazar sistemas caducos y convertirlos a la verdad y la concordancia pacífica. No es casual que se produzca lo que ocurre en estos momentos en el mundo entero. No es traición alguna la acción de los que trabajan en los gobiernos para descubrir todos los sucios negociados, robos y enredos de sus componendas políticas. Estos hombres y mujeres están trabajando en el proceso de destrucción de los pilares que cimientan las organizaciones pervertidas. Ellos son el afortunado diario despertar de las nuevas consciencias del futuro. Muchos de los "seres depuradores" que están actuando en estos momentos no retrocederán ante la misión que cumplen. Sienten la compulsión de hacer las denuncias muchas veces con graves consecuencias para ellos.

Se producirá un vuelco mundial de resistencia a todos los programas que no respeten los derechos humanos y la decisión democrática de los pueblos. Este cambio establecerá un mayor equilibrio, aunque muchos países no superen aún el azote del hambre.

Por esta razón se debería llegar a producir alimentos naturalmente, y con el esfuerzo y proporción a las necesidades del número de personas que se alimentarán. Los ancianos, los jóvenes y los niños encontrarán en este trabajo un ejercicio reparador. Con él mejorarán su circulación y respiración. Cuando el individuo produzca su propio sustento apreciará los milagros de la naturaleza.

En el futuro, y frente al desarrollo de los hechos que se aproximan veréis que las clases sociales desaparecen lentamente hasta que quede en el mundo una clase única: la de los seres humanos. La necesidad de que haya equilibrio y paz, dará oportunidades a todos por igual, aunque siempre habrá quienes las aprovechen para el bien y quienes no. Eso será lo que marque la única y específica diferencia en la humanidad. Entre ellos habrán quienes cultiven su intelecto, otros que se conformen con una vida sedentaria y se limiten a existir. El culto del cuerpo físico será otra elección casi siempre desinteresada del intelecto. Cuerpos perfectos serán sus únicas ambiciones. La falta de estímulo por las posesiones materiales hará que algunos individuos vivan sólo para sus tendencias. Debe observarse que la uniformidad no puede establecerse. Cada ser llega a la vida terrena con sus condiciones naturales. Hay quienes equilibran el músculo y el cerebro. Otros cultivan solo una parte de ambos o quienes son débiles en ambos y desean nutrir solamente sus necesidades esenciales. No os preocupéis en estos momentos de apartar a nadie de su decisión. Todos vivirán como han sido preparados y por razones muy específicas. Ello establecerá una selección natural que tendrá por objeto agrupar a los seres según sus condiciones. La Humanidad se está preparando para esa selección.

Cambios Individuales

Vuestro camino es una larga búsqueda dentro de la investigación, el estudio y la meditación. Los que hayan encontrado el camino no necesitarán avisos ni empujones. No hay fuerza más poderosa ni empuje más violento que la llama encendida para señalar una senda y clarificar las dudas. Nadie debe luchar por retener la voluntad de nadie, ni por saciar la sed de curiosidad de aquellos que no son sinceros. Es mejor saber cuáles son las fuerzas que poseéis y no exponeros a los brazos débiles de los que no serán capaces de sosteneros.

Vosotros necesitaréis trabajar, estudiar y organizaros. Si creéis que el tiempo que dedicáis a este empeño es mucho, pensad que cada minuto os aproxima más a la verdad. Recordad que aquellos que posean grandes capacidades, serán los que aporten más beneficios a los grupos que comenzaréis a formar. Por lo general, los que tengan el desarrollo de contactos anteriores con nosotros serán los que comenzarán a cursar invitaciones para la creación de vuestros grupos. Ellos deberán mantener sus trabajos, especialmente si tienen que ver con ciencia, física, química y ayuda para la supervivencia. Los científicos y estudiantes de la supervivencia en momentos de emergencia serán quienes aportarán instrucciones que permitirán el mejor desarrollo, de quienes trabajen en el lugar que habite el grupo. No os inquietéis en como unificaros con quienes hayan entendido nuestras enseñanzas. Ellos se identificarán sólo por su amor al planeta y a vosotros, sus habitantes, y entregarán sus energías para ayudaros en la Era de los Cambios. Los que entiendan nuestra alerta no padecerán hambre, desesperaciones ni anormalidades. Unidos bajo un mismo propósito será posible convivir en paz y superar las contingencias mas difíciles sin mayores riesgos.

Si por lo contrario, habéis decidido rechazar la invitación de evolucionar, porque os preocupa mucho más la protección de vuestros bienes materiales y la prosperidad de vuestros negocios, vosotros deberéis recordar que os negasteis a la oportunidad de preparaos para momentos muy difíciles en el futuro del planeta. En este caso, especialmente si tenéis hijos, no los olvidéis al tomar esta decisión. Recordad que si abandonáis esta cruzada de Paz que se os ha ofrecido, ellos también confrontarán los mismos peligros.

Ahora diremos a quienes se unifiquen con un grupo, que deberéis ser eslabones muy fuertes en esta cadena de voluntades. Para preparaos necesitaréis una gran fortaleza espiritual y una claridad intelectual que se nutrirá de la sabiduría de quienes han despertado a los balances de la superación. Los intelectos más elevados deberán entregar aún muchas más energías a esta obra. Ellos caminarán por los caminos materiales de la vida, solventando las mayores posibilidades de supervivencia del grupo, y además preocupándose por la marcha interna del mismo. Algunos seres humanos ya están integrados a la labor y seguirán integrándose muchos más. Otros deberán comprender que cada paso debe conducirlos más cerca de esa verdad, y que comenzaréis a descubrirla dentro de vosotros mismos. Vosotros veréis las señales que os indicarán el camino, lo importante será que no retrocedáis ni un paso ganado en vuestra evolución. No permitáis que nadie os envuelva en las vanas reflexiones de la fastuosa comodidad y de la molicie mental. Los indiferentes proyectan sus vidas en la inoperancia de los inútiles, y de ellos se sirven el atraso y la involución. Dejad que descansen aquellos que no tienen nada que perder. Vosotros los que habéis reconocido la verdad, abrazad la causa y el propósito de la labor fructifica de la evolución. Dejad que cuiden sus fortunas aquellos que cargan en sus cuerpos el peso de esa esclavitud. Permitid que se alejen de vosotros los que lleguen a despertar la discordia, la duda y el vicio, entre los que ha comenzado a despertar al amor universal. Debéis manterner un incesante contacto con vuestro grupo con el que deberéis desnudar todas vuestras verdades, para que impere siempre la confianza y la fe hasta que llegue el día en que compartiréis un mismo techo. Las palabras serán entonces innecesarias porque ni hablar necesitaréis para entenderos, ya que habréis activado vuestras vibraciones.

Conocimiento y Sabiduría

Acciones son necesarias y no palabras. Cada pequeña acción cuenta y todas las excusas desvían, retardan y perturban la marcha. Recordad que el camino es largo y penoso. Si no estáis preparados no lo emprendáis, no tratéis de engañaros a vosotros mismos. No confundan los valores de las cosas, no confundan lo que veis con lo que existe, mucho existe que no veis y mucho veis que no existe. No permitáis que se llamen vuestros amigos a los que se acercan al calor de vuestros adelantos y se alejan con horror de las derrotas. Recordad siempre que los humanos que se llaman a sí mismos "engañados", no lo son porque alguien los engañe, sino por lo mucho que se mienten a sí mismos, incapaces de enfrentar sus verdades.

Las circunstancias os llevarán a comprender cual es la verdadera posición de vuestras vidas. No comparéis nunca a los seres que os rodean. No hay entre ellos similitud alguna aunque aparentemente todos actúen como seres racionales. Racional es todo ser pensante, pero esto no asevera que exista en una elevada escala humana. Por regla general, la mente actúa como reguladora de las acciones animales, pero muchas veces se le acondiciona y no puede distinguir lo bueno de lo malo, o lo útil de lo absurdo. Todo en vuestro mundo se mueve bajo acondicionamientos mentales.

En nombre del amor se mata y se puede estar acondicionado para creer que se mata por amor a sus semejantes. En nombre de la justicia se cometen los más atroces atropellos, pero hay quienes se sienten movidos por una inspiración que creen justa.

Sin conocimiento no se creará consciencia en la Humanidad, ni se puede despertar la chispa divina que encienda el adelanto, la justicia y el orden que marcarán los destinos de un mundo mejor. Los padres y madres amantes y tiernos, creen ser bondadosos cuando proveen a sus hijos desmedidamente con el dinero que comprarán caprichos y placeres. Estos son los mismos padres que no explican a sus hijos, producto de cuantos adelantos técnicos, estudios y sacrificios de sabios son los bienes del confort y bienestar físico que consumen cada día. La consciencia del niño y el joven necesitan ser primero nutridas del conocimiento de todos los vicios y peligros que el dinero puede comprar. En la Era de los Cambios, los padres y madres que no han cultivado a sus hijos los habrán perdido definitivamente. Muchos llorarán sin consuelo sus tempranas muertes y otros apenas podrán reunir los pedazos de sus vidas deformes destruidas por los vicios. Porque se ha de entender que ser madre o padre no es proveer solo techo, comida y soluciones para las necesidades físicas y mundanas. Ser madre o padre es proveer la verdadera sabiduría de la vida a los hijos, enseñarles por su propia esencia, que deberá abrir los caminos del progreso por sí mismos. La evolución jamás se detiene y la labor debe continuar. Conocimiento, consciencia y progreso son las claves, y deberéis hacer todos los esfuerzos posibles para que sean las bases del desarrollo de vuestros hijos.

Dejad que la Nueva Era comience a construir el nuevo mundo. Resistid poco a poco a los esquemas de la propaganda y la difusión actual. Resquebrajad los sistemas deficientes de la enseñanza con una resistencia pacífica. Pedid, exigid para vuestros hijos: ¡Conocimiento, Instrucción, Sabiduría! No los droguéis desde la cuna con las imágenes de la violencia. Vosotros podéis hacer mucho por el porvenir de vuestros hijos pero comenzad pronto. No esperéis más.

Vivir en Grupos

Comenzar lentamente es la idea. Mientras vuestros esquemas y acondicionamientos ceden lo bastante como para aceptar la idea de vivir en grupos. Tal vez, no sean muy numerosos al comienzo, pero compartiendo un mismo techo, los trabajos, las necesidades, los dolores y las alegrías vosotros veréis florecer esta nueva experiencia de la vida. Los jóvenes se transformarán en un hogar mucho más perfecto que el que conocen hoy. No hay intención de inducirlos al atraso ni al primitivismo. Por el contrario, lo que se desea es que adelanten más y sean felices aprendiendo a dar buena aplicación a la ciencia, la química, y la física.

La sabiduría y la creación se pondrán al servicio de todos los habitantes. Hoy mismo podéis comenzar a llevar a la práctica experimental lo aquí propuesto. Olvidad los imposibles y las dudas, porque las oportunidades se pondrán frente a vosotros, y si las aprovecháis habréis encontrado el camino. Si éstas no llegan todavía es porque aún hay tiempo. Debéis recordar siempre que la convicción debe nacer de vuestra consciencia. Ella debe generar la energía positiva que os moverá a poneros en camino. Así alcanzaréis a elevar vuestras vibraciones para que se produzca el acople con vuestros compañeros de grupo. La fusión de energías positivas pondrán en marcha el futuro.

Proceded siempre dentro de los legítimos derechos de la ley. Las leyes de hoy, que siendo imperfectas son las únicas que os rigen y conoceréis por ahora. Luego llegará un día donde imperará la única ley: la del amor que os unirá con tolerancia y respeto del uno hacia el otro.

Los niños deben ser el primer motivo de preocupación. Organizad conferencias en vuestras comunidades. Ofrecedles atención a los niños porque de ellos depende casi totalmente el éxito de ese gran cambio y la felicidad de que ellos gozarán.

Enseñadles con un mensaje que esté al alcance de las mentes infantiles para que vivan un futuro de amor y paz.

CAPITULO TRES

Preparación para la Supervivencia en Épocas de Emergencias

Que es la Supervivencia? La supervivencia es la lucha por la continuidad de la vida. En este caso, la vida dependerá de vuestra realización y del conocimiento del ser integral, que el ser humano necesitará para proyectarse y organizar una Tierra Nueva en la Cuarta Dimensión.

Debéis considerar este dictado como trazos amplios de un borrador, donde podéis comenzar a construir un verdadero y bien organizado esquema para la Supervivencia adaptada a los Grupos. En verdad lo que más importa comprender son las condiciones físicas, mentales, y sicológicas del ser humano, así como la situación política, social y científica de la sociedad en los momentos en que se producirán los Grandes Cambios. Con este conocimiento aunque no sea total, estaréis en mejores condiciones para especular soluciones en todos lo terrenos y configurar nuevamente las funciones necesarias.

Estudio, Ciencia, y Religión

Vosotros veréis la Era de Grandes Cambios no sólo en la evolución de los que ya están en marcha, sino en la aparición de los sabios que muy pronto comenzarán sus reencarnaciones en distintas partes del orbe. Lo más importante será explicar claramente a los niños y a los jóvenes la importancia de las ciencias y despertar en ellos el amor por el estudio. Ya podéis imaginaros que todas las ayudas necesarias os serán provistas para facilitar estas tareas. Esto quiere decir que mantendremos nuestros canales abiertos y en contacto permanente para que las mentes se despierten a una absoluta comprensión.

Conscientes de la tremenda responsabilidad que os atañe, todos deberéis comprender cuán importante será trabajar para hacer fructificar en el grupo los dones de la consciencia. Los estudios respecto a la sanidad mental ejercerán influencia desde la más temprana edad. Ellos constituirán la forma capaz de preparar esos cerebros tiernos para la inmensa responsabilidad que necesitarán afrontar. Los más inteligentes no serán los que tendrán mejores oportunidades para enriquecerse. Entonces las mayores inteligencias tendrán las mejores oportunidades para estudiar, desarrollarse, y dar el beneficio a sus grupos y a los centros de estudios que requerirán sus enseñanzas para preparar la nueva generación. Naturalmente, aunque hoy os parezca que no es ventaja hacer el sacrificio de preparaos, comprended la enorme satisfacción de ser reconocido por la riqueza de vuestra inteligencia. Ciencia, ya lo dijimos, será la palabra regidora y por supuesto "Seres de Ciencia" los regidores, porque así quedará establecida la escala de los verdaderos valores humanos.

Por eso, los seres queridos llamados hijos, hermanos, nietos o amigos que dependan de vosotros recibirán la mayor atención. Cultivar las mentes, los cuerpos y el nivel espiritual será la consigna, aunque todos los otros valores individuales sean reconocidos un poco más tarde. En esta tarea nos encontraremos cuando hayan llegado los cambios, aunque la consciencia de los deberes científicos de la humanidad ya estará despierta y esa fuerza está en marcha en la actualidad. Hay muchos seres evolucionados que están esperando para incorporarse y dar su apoyo a la Nueva Era. Ellos han debido esperar pacientemente porque en estos momentos sus presencias no serían totalmente aprovechables, y las dificultades que estarían confrontando harían inútiles sus permanencias entre los seres humanos. Cuando ellos aparezcan entre vosotros será para dar los máximos beneficios a toda la humanidad.

Las culturas inminentemente religiosas no podrán sobrevivir a este embate de la ciencia, pero éstas existirán con modificaciones simples aunque muy marcadas. Los creyentes exigirán mucho más que dogmas, palabras y buenas intenciones. Todas las expresiones de amor y humanidad que no estén acompañadas por hechos que reafirmen de inmediato las palabras, no serán escuchadas. Nadie creerá en las intenciones pacificas de las religiones que han odiado y asesinado a otros seres humanos a lo largo de su historia. Lo mismo ocurrirá con las grandes potencias que se juraron amor mientras desangraban a sus hijos en guerras. Los pueblos de los países que sigan guerreando serán repudiados por sus habitantes y abandonados. Igualmente los pueblos escaparán de los conglomerados con religiones violentas que representan intereses de distintos grupos, y de los que han insistido en negociar con ellas. Esta reacción se manifestará con una completa apatía y dejarán iglesias, templos y mezquitas desiertas como mudos testimonios de la época de confusión espiritual de los seres humanos.

La Necesidad de Evolucionar

Hoy quienes persisten aún en buscar soluciones de las Divinidades Superiores que no podrán ofreceros otra ayuda que la luz de vuestra propia comprensión, captada por quienes hayan despertado a la Verdad y que ya estén vibrando en la nueva velocidad y a tono con la Tierra Nueva. Los que sólo puedan ver lo que sus ojos humanos les muestren se encontrarán en la más horrible confusión, y en medio de la incertidumbre de su ignorancia. Muchos creerán entender a su manera, pero aún en formas primitivas. Si logran que estas formas tengan ecos en sus consciencias es posible que puedan incorporarse a la evolución. Deberéis comprender que no sólo sabios habitarán la Tierra en esos días, también existirán seres de escala intelectual inferior, pero cuyo estado vibracional y la evolución de sus consciencias estarán en algún punto de contacto común con la Cuarta Dimensión. Aquellos que puedan establecer este contacto tendrán un lugar en la Tierra Nueva.

Estamos hablando de una sociedad justa en la que tengan cabida todos los que han sido tocados por el amor. Sólo los que atenten contra la pureza de la Nueva Era y aquellos que no quepan en una evolución superior pasarán a otros planos de existencia. Los demás, quedarán y seguirán laborando por todo el tiempo de las evoluciones que sean necesarias.

Por ello es que os decimos que nosotros no tenemos medidas de tiempo, no existe ayer, ni hoy ni mañana en este plano. Sólo hay etapas en las que es mañana para muchos y ayer para otros, aunque ellos puedan estar en el presente. Esto tiene una mejor explicación determinando que cada entidad ha cumplido muchas encarnaciones, cuyas energías regresan al astral como vibraciones y permanecen en ella en espera de la unificación o reencuentro con la entidad completa. Por ello vibraciones de una misma entidad pueden estar en el presente, como en el pasado, y aún estar haciendo experiencias en el futuro. Si comenzáis a experimentar en las proyecciones astrales y dejáis vuestros cuerpos para realizar viajes astrales, es fácil que viajéis por distinto planos y tiempos, lo que os permitirá comprender mucho mejor lo que os he explicado.

Serán patéticas las circunstancias que dominarán en el mundo cuando llegue el instante de la gran decisión. Patéticas digo, por lo que concierne a las alternativas inexcusables. Patéticas porque cada uno enfrentará sus propios actos y los juzgará para determinar si es parte causante o actuante de lo que ocurrirá. Claro que los subsconcientes estarán suficientemente acondicionados para poder evaluar la verdad. Algunos seres se lamentarán el haber vivido como lo han hecho. El tiempo entonces no permitirá establecer reparaciones ya que se habrá terminado, tanto como la paciencia de los justos y los sabios que siempre creerán que se os dio demasiado tiempo. Todo lo positivo, lo loable por su índole o por su intención, contará. Esto ayudará para que se sientan en paz todos los que enfrenten el momento, paz que no llegará a los que sepan de sus culpas y de sus agravios a la humanidad que no supieron respetar. Temblarán los avariciosos, los déspotas, los insaciables del poder, los viciosos, los abusadores y sabrán que la hora de la depuración ha llegado. Por vez primera tendrán un encuentro con su consciencia y sentirán dolor al saber que siempre existió en ellos y que prefirieron no escucharla. Muchos comprenderán que era más fácil vivir con amor y respeto a sus semejantes y abrir las manos generosas, que mostrar los puños y golpear. Serán testigos con admiración de los humildes, los tiernos y los generosos que tendrán una mirada pacífica en sus ojos. Ellos serán vistos caminando descalzos sobre leños encendidos y sin eludir las puntas afiladas de las espinas, porque los dolores no podrán adueñarse de sus emociones ni de sus cuerpos. El ser evolucionado y consciente tendrá un equilibrado y justo dominio del dolor. Maravilla de una existencia que algunos no alcanzarán, pero simple transición de todos los que han sabido ofrendar bien, conocimiento, amor, y energías benéficas a sus semejantes. Esperamos que sean muchos los seres que tengan sus manos unidas para el bien en esos momentos álgidos que atravesará la Humanidad. Vosotros que habéis avistado ya el mundo del mañana empezad a disfrutar un poco de esa felicidad que llegaréis a conocer. Digo un poco porque las circunstancias y el medio actual no os permiten mucho más, pero ya es bastante para los que conocen su verdadero valor. Sea entonces fructífero el paso de vosotros los que deseáis ayudar a los grupos para que la Cadena sea larga y fuerte, sana y vigorosa. Tantas debilidades arrastrará la maltratada Tierra, que su físico sufrirá tanto como el de la Humanidad. Cuando veáis que hay mutaciones violentas en los climas y demasiados desastres naturales, tendréis que estar atentos porque estaremos yendo camino de los cambios.

El Primer Anuncio

Este será el primer anuncio para la evolución que ha sido llamada para la Tierra y la Vida Humana. Serán los habitantes del planeta los que empujarán los hechos decisivos y serán ellos los que dejarán el paso abierto hacia ese futuro que tal vez luego no quieran enfrentar. Solamente los que no estén preparados y hayan llegado hasta ese instante en una escala totalmente involucionada no controlarán sus sufrimientos. No me refiero a la escala zoológica porque la escala zoológica cumple con sus ciclos evolutivos, pero no abandona su sucesión animal. Sin embargo, el ser humano suele descender de la suya con suma frecuencia. He aquí la razón de nuestra labor; he aquí bien encarada y explicada cuales son las metas a las que necesitaréis aspirar.

Los que estén aleccionados para su entrada en el nuevo estado, no sufrirán dolores físicos, si debieran desencarnar en el momento en que se produzcan los cambios. Ciertamente se producirán desencarnes necesarios, como los habrá accidentales y de purificación. Los llamados necesarios ocurrirán porque han terminado sus misiones. Accidentales, los que se produzcan durante el evento por circunstancias negativas no controlables.

De purificación, los que como ya hemos venido diciendo serán para limpiar de malezas el camino hacia el progreso de una nueva Humanidad.

Los que de una manera u otra deban encarar este proceso, no tendrán grandes sufrimientos porque todo ocurrirá de pronto y será tan rápido como el rayo que azota el campo. Queremos dejar esta constancia para que sirva a los que teman enfrentar este momento.

Las fuerzas mentales y espirituales serán una barrera real para evitar consecuencias sicológicas en los que queden. Ellos ya no desconocen como utilizarlas y lo harán en bien de la Supervivencia. Quiero significar que siempre se pensará en el bien de la mayoría. La vida carnal no es el último baluarte. Creer esto es tan equivocado como beber una copa de agua y creer que la sed ha terminado con ella. Por eso, cuando se produzcan los cambios, es posible que muchos deban cumplimentar trabajos en otras dimensiones. Ello no significará que estos hermanos hayan olvidado este planeta y a los que alguna vez estuvieron unidos a ellos, igual como yo estoy en este momento unido a mi contacto humano, como si un cordón umbilical de energía me ligara a ella. Muchos de vosotros también transmitiréis vuestras comunicaciones con la tercera dimensión, que necesitará desarrollarse lo suficiente como para que esto sea posible. Por ello no olvidéis que lo único importante es estar preparado, sensible, consciente de vuestra completa entidad, y de la existencia independiente del llamado ser humano.

CAPITULO CUATRO

Transición Hacia los Grandes Cambios

La sociedad tomará la curva del cambio a una velocidad que no será de riesgo. Los grandes conglomerados deben ser tratados con un plan para disminuir los impactos sicológicos. Cualquier daño masivo en las ciudades muy numerosas engendraría violencia y psicosis. Es necesario dar descanso a esas tensiones que han sido abusadas por tanto tiempo para evitar agregar más atraso y destrucción.

Considerad que las condiciones actuales llevarán a un empeoramiento de las relaciones entre los poderosos y los débiles como ocurre generalmente. Se habrá establecido en la Tierra un ciclo en donde unos pocos vivirán en la más desbordante opulencia, mientras millones seguirán muriendo en grandes hambrunas. Esto fue antes, es hoy lo mismo y no se podrá modificar inmediatamente. Ocurrió mientras una potencia subía al sitial de preferencia y la otra descendía. Esto sigue ocurriendo, pero terminará. La humanidad dará fin a estas iniquidades para que la vida tenga sentido de continuidad. Entonces será necesario practicar una depuración o las iniquidades continuarán. Hay seres que han sido y son actualmente responsables de las desdichas, injusticias y miserias del planeta por demasiadas encarnaciones. Durante la Era de los Grandes Cambios comenzarán a encarnar entidades preparadas para generar grupos, y con esas personas aprenderéis a sobrevivir. Primeramente, vuestra consciencia deberá haber evolucionado lo suficiente como para aceptar la vida sin egoísmos, sin egolatrías, sin ardor por la acumulación de fortunas y con un amplio sentido de amor universalista. Junto a este lento crecimiento se habrá manifestado la razón de la existencia de la vida humana, y con este despertar la misión ya estará reclamando las energías y la devoción de cada uno de vosotros. Las Ciencias Naturales y del Planeta se habrán puesto de manifiesto y estos conocimientos pertenecerán a los seres del mañana.

Recordad que el fruto hablará de la nobleza del árbol y que vuestros hijos mostrarán como un espejo el reflejo de lo que vosotros sois. No esperéis que llegue a todos una nueva oportunidad, porque sólo se salvarán aquellos que no sean una amenaza para la humanidad. Recordad que no tendréis otro juez que vuestras propias consciencias. Y si vosotros comprendéis nuestra palabra a través de quienes difundirán, todos superarán los grandes cambios.

Volviendo a la organización para la supervivencia necesitaréis aprender a realizar las más diversas tareas que hoy pueden pareceros ridículas. Recordad que cuando Noé construyó su Arca también su quehacer pareció absurdo. Más tarde, cuando vuelvan el orden y la normalidad todas estas tareas serán reemplazadas por la técnica y la ciencia. Sobrevivir será la más grande dificultad en el momento de los cambios. Por eso os pedimos que os organicéis en grupos que deberán ser afines, que conocerán sus necesidades máximas y mínimas y cómo llegar a suplirlas. Por ejemplo, cuando falte la energía eléctrica deberéis tener un plan de emergencia. ¿Qué sucederá si os falta el agua? ¿Cómo cultivaréis la tierra si estuviera contaminada? ¿Cómo atenderéis las primeras necesidades médicas? ¿Cómo os protegeréis del frío o del calor? ¿Como conservaréis vuestros alimentos si carecéis de electricidad?

Deberéis desarrollar técnicas especializadas y practicarlas para su dominio. Será muy importante que cada uno de los que compongan el grupo posea planes de emergencias investigados, preparados y ensayados. No olvidéis que estamos preservando la vida en el planeta, y que aún tenéis tiempo para preparaos. Primero, lógicamente, es la evolución espiritual para saber que estáis caminando en la buena senda. Luego necesitaréis adquirir las posibilidades de supervivencia necesarias para que podáis sobrellevar todas las emergencias.

En los años que vendrán estaremos atareados en prepararlos para que no se produzcan desorganizaciones, que puedan hacer más difíciles los momentos de inestabilidad que os esperan. No se trata de que vosotros procuréis soluciones para todo el mundo. Se trata simplemente de que podáis agrupar a cierta cantidad de personas que puedan significar ayuda mutua entre sí. Debéis comenzar a buscar desde ahora los que algún día compartirán esos instantes, porque necesitarán estar bien coordinados.

Todos los programas para la supervivencia en momentos de emergencia deben ser investigados. Existen ya muchos estudios realizados en forma parcial que podrán aplicarse a la organización de los grupos. Cursos de Supervivencia serán la única manera de ordenar la mente y la acción para el futuro, pero no están difundidos como es preciso. El público en general no comprende muy bien de lo que se trata. La mayoría cree que sólo los acecha la amenaza atómica, olvidando muchas otras emergencias muy graves y con fatalidades, que ya están ocurriendo en la Tierra. Empezad por organizar todo el material que podáis obtener por medios estatales, de organizaciones especializadas o individuales, y propagad los resultados en una campaña bien organizada para su difusión.

La búsqueda de los elementos humanos a agrupar deben tener dos características básicas: ser afines en los sentimientos espirituales y estar dotados de distintas capacidades intelectuales y prácticas. Un físico o un químico no podrán resolver problemas de convivencia, ni dar soluciones que sicólogos y sociólogos podrán aportar. Médicos o paramédicos serán profesiones necesarias que se deben buscar tener incluidas en el grupo, o de lo contrario establecer contactos con los que podríais contar en caso de necesidad. Nadie deberá alarmarse por estos preparativos, porque de todas maneras con alarmas o histerias lo que deba suceder ocurrirá.

La Espontánea Formación de Grupos

El sensible paso del tiempo hará que vosotros comprendáis las verdaderas razones de la ubicación de vuestras familias en los lugares que ocuparán en la estructura terrestre. También comprenderéis la importancia de los que se acerquen a vuestro núcleo y se incorporen al grupo. Veréis cuan simple y eficaz resulta la reunión de intenciones, cerebros, y labores coordinadas, y cuanto podrá hacerse gracias a ellas para el futuro. Otros millones de personas se aglutinarán en distintas localizaciones y grupos. Necesariamente se harán lazos indisolubles entre distintos seres que vosotros jamás pensasteis conocer, pero que vendrán a allegarse por la misma voz de alerta y comenzarán por conocerse inesperadamente y que luego amaréis como hermanos. Ellos se acoplarán con vosotros en una forma tan coordinada, que podréis poner en marcha muchos de los proyectos, que hoy os parecen una utopía imposible. Recordad que nada es imposible, ni por lo costoso, complicado o por otros impedimentos. Hay designios que os mueven y actos que se realizan, que no se detendrán aunque os parezcan imposibles de alcanzar. La realización que signifique salubridad, tono científico, seguridad, o simplemente favorables condiciones para el Grupo estarán a la orden de un día señalado. Recordad que los planteos no debéis acomodarlos sólo a lo que vosotros consideréis posible, sino a lo mejor y lo más perfecto. No olvidéis que si bien mucho se espera de vosotros, nosotros tenemos presente que no sois magos ni dioses. Aunque magos y dioses jamás existieron en la realidad. Porque estos fueron inventos de las mentes afiebradas de la humanidad que necesitaron creer siempre en algo superior. Vosotros podéis estar en paz para planear vuestras ideas sin angustias ni presiones, dejando que los constituyentes del grupo ofrezcan ideas en las partes básicas de la organización y el desarrollo de las mismas.

Debemos señalar que necesitaréis tanta fuerza masculina como femenina. Pensad siempre que el equilibrio es una ley imperativa en el desarrollo de cualquier sociedad, y que los grandes males que os amenazan hoy son causados por los incesantes desequilibrios sociales, políticos y religiosos. El Triángulo os da una idea de equilibrio que no debéis olvidar. Si observáis con detenimiento, veréis que es perfecto en cuanto a sus sugerencias subjetivas, sus valoraciones matemáticas y la física estructural.

Deberéis veros proyectando en el futuro para comprender cuales serán las condiciones a las que acomodaréis vuestro intelecto. Con dedicación y devoción en el control de vuestras facultades extras, es decir de los nuevos sentidos que deberéis empezar a desarrollar muy pronto, os veréis con proyecciones que os darán las pautas necesarias. Comprended que ahora os parece imposible como le parecería imposible a un niño de tercer grado resolver una ecuación matemática, o una fórmula de química. Pensad en cuanto habéis evolucionado desde que erais niños hasta hoy. Por ello, hablaros de estas proyecciones, de estas percepciones futuras, parecería entonces una audacia casi insana.

Nosotros estamos propiciando y dando guía para vuestro desarrollo. Todos los que despierten serán incorporados siempre que vibren con pureza y positividad, despojados de intentos de poder o comercio. Estos errores ya no se cometerán en cuanto al plano del desarrollo que queremos propiciar. Por ello vuestros nuevos sentidos son tan importantes, porque serán guía, luz, comprensión, continente nuevo pleno de asombrosas experiencias. Será como un renacer del ser humano que comprenderá por fin que el Universo esta contenido en El, como lo está Dios y su magnífica Creación. Sigo hablando de Dios porque es la palabra que vosotros entendéis por perfecto y equilibrado.

La Hora Cero

Será el comienzo del fin de una etapa que ya cumplió su cometido. Comenzará cuando se hayan terminado todas las oportunidades que necesitaban cumplirse en un ciclo evolutivo. Si miráis para atrás, veréis que el saldo no es negativo, aunque considerando la inteligencia de la que estáis dotados, tal vez pudo ser mucho mejor. Para ser honestos debemos aceptar que muchos avances globales de la Humanidad fueron detenidos por las innumerables vidas perdidas en las guerras. Las deudas Karmáticas no pudieron balancearse en razón de la violencia y los desastres naturales. Será casi imposible para el ser humano mirar hacia afuera y descubrir a los componentes de su grupo. La mayoría de las personas desconocen la realidad de su propia existencia y su razón de ser quienes son. Ellos han vivido siempre rodeados de las altas paredes de su mundo pequeño, donde caben sus amigos, su vida familiar y social, sus trabajos, sus posesiones, sus iglesias y creen que esto es su mundo y que nada los amenaza.

El ser humano al materializarse perdió la proyección de sí mismo hasta el extremo de creer saber el por qué de su llegada a este mundo. Muchos seres han vivido el equívoco millares de veces. En cada encarnación vinieron a la Tierra sólo para conquistar poder, riquezas, lograr posiciones destacadas, y situar el ego por encima de los otros seres para sentirse halagado y feliz. Este individuo al llegar la hora de dejar vuestra dimensión, partía llevándose impreso en su consciencia, que de regresar iba a perfeccionar los métodos aprendidos para hacer más dinero, ganar más fama y opulencia, y elevarse mas aún sobre la sociedad de los seres humanos. Debéis sentir piedad por este ser, porque al enfrentar su desvarío y su error debe haber engendrado en él mucha rebeldía. Fuera ya de su mundo material vió la inutilidad de sus luchas, y la destrucción de todos sus cánones y creencias. Si la comprensión no alcanza a seres tan equivocados, esa rebeldía se convierte en negatividad y atraso para su evolución. Esto es hablando del plano astral, pero ¿qué pasará a quien se desvió de su camino y ya no puede reencontrarse con la Verdad filosófica de su existencia? Ellos creen saber que aún hay mucho por arreglar en este planeta antes que sea posible hablar de Paz, Amor y Justicia para todos. ¿Qué ocurrirá cuando todos los valores cambien y las estructuras sociales, religiosas y dogmáticas se caigan a pedazos? Muchos seres humanos tendrán miedo, un pánico atroz, porque se sentirán paralizados y sepultados por estas ruinas. Ellos son como aquellos que hoy temen comenzar desde la aridez de la Tierra a levantar y reconstruir sus Verdades. Por esto debemos insistir en que la primera siembra es sicológica, ya que si no es posible llevar esta filosofía a las consciencias y a la comprensión; la Humanidad irá irremediablemente a un holocausto masivo.

La Nueva Era

La siembra de la que hablamos ya está elaborada en la mente de los niños y de los jóvenes; aún cuando ellos no estén conscientes de esta circunstancia y sigan viviendo atrapados en la centrífuga de sus padres y la sociedad. Sin embargo, ellos se incorporarán a los cambios, sin sufrir los deterioros que sufrirán los seres adultos que se encuentren en la oscuridad. Los jóvenes creen y han aprobado en sus consciencias los cánones de la vida en grupos afines. Lo que les falta es confianza y la razón en el mundo que componen. Esto los lleva a veces a aceptar el escape equívoco del vicio, y la deformación de los verdaderos valores y la moral. Por eso los que se agrupen y vayan a seguir el camino del futuro deberán estar ya purificados. Necesitarán cuerpos limpios y espíritus sanos. Las contaminaciones no pueden tener cabida en la nueva sociedad, porque si así no se hiciera, desde el comienzo estaríamos echando bases imperfectas y proclives al fracaso. La Nueva Era no puede albergar ni las sombras de esas lacras. El desarrollo y el conocimiento no aceptarán ningunas deformaciones mentales, sicológicas o espirituales. Esta es la tarea a la que debemos entregarnos, y vosotros veréis que hay mucha más respuesta que la que esperáis. Muchos jóvenes están deseando escuchar sólo las palabras correctas, las verdaderas, las absolutas, porque desean explicarse la razón de sus existencias. Frente a esas respuestas ya no necesitarán aturdirse y comprenderán que la verdad no es tan complicada como suponían. Las pruebas las encontrarán en ellos mismos y cuando cambien sus actitudes y sus puntos de vista filosóficos, encontrarán paz y se sentirán buenos como para amarse a sí mismos y a sus semejantes.

Alguna vez el ser humano miró las bellezas naturales y tal vez no reparó en ellas, porque no había evolucionado mucho más allá de lo animal, pero al llegar este día caerá de rodillas ante la Revolución de la Naturaleza. La felicidad del ser humano no tendrá límites y jamás la habrá conocido más completa que entonces. Poco a poco aprenderá otras verdades lejanas de los valores en los que creyó. Cuando ya estén afinados en esos niveles conocerán el verdadero goce de la felicidad y los más altos vuelos siderales. Otros sentidos hasta hoy dormidos se despertarán y ellos harán posible que se fascinen ante estos descubrimientos. Ya no serán colonizaciones y conquistas de pueblos ni nuevos mundos los que perseguirán. Será un viaje interminable y maravilloso que para entonces habrán emprendido dentro de ellos mismos.

Quienes aún ambicionen intereses materiales dentro de los pasos a dar para el futuro, se verán terriblemente defraudados por la realidad. No habrá quien pueda negociar con el futuro de la Tierra, ya que su forma de conducción escapará a todos los órdenes conocidos. Para ubicaros mejor dentro de esa etapa, la Humanidad deberá haber alcanzado una evolución tan superior que permita la translación de la Tierra a la Cuarta Dimensión. Esto será posible solamente con la Humanidad del planeta preparada para sobrevivir a los cambios después de su total depuración, único estado que os permitiría contacto con seres de otras dimensiones.

Entonces el nuevo habitante de la Tierra deseará dejar testimonio de su paso y su progreso. Preservará el pasado, vivirá en permanente estado de estudio en su presente, y además planeará un futuro que asegure la supervivencia de la Humanidad. Ya no habrá que llamarles la atención continuamente sobre sus locas carreras armamentista y su destrucción. Respetarán y amarán la naturaleza y sus riquezas y respetarán a sus congéneres. Todo entrará en el plan de sus horas útiles. Será bondadoso y con el tiempo se convertirá en un ser hermoso. Se dice que el rostro es el reflejo del alma, y en el fondo estas palabras encierran una gran verdad. No hay que hablar de belleza física cuando se refiere al ser humano del futuro. Sus emanaciones serán bellas porque emitirán bellezas de bondad y respeto. El habitante del futuro será bello en su expresión, tierno en la mirada dulce, hermoso en su bondad y su belleza interior que se proyectará sobre sus rostros como halos de luz. Esto veréis florecer en las generaciones futuras pletóricas de Justicia y de Amor.

¿No es hermoso pensar que dentro de ellas pueden estar vuestros propios hijos y sus descendientes? Para ellos estáis trabajando, y para ellos es que la Tierra debe llegar a cumplimentar su evolución. Mientras más enseñen y siembren, más frutos saborearán vuestros hijos. Cuando llegue la Hora Cero vosotros comprenderéis que el Gran Cambio ya ha comenzado. Sólo habrá que mantener la calma, saber esperar y no realizar ningún paso precipitado que no haya sido estudiado con anterioridad por las comisiones formadas en el Plan de la Supervivencia.

CAPITULO CINCO

En la Hora Cero del Día Cero

El aviso será dado por un sistema que ya todos conocerán y nadie podrá dudar de su autenticidad porque sólo los componentes de los Grupos receptarán. La práctica de este primer paso deberá haberse realizado bajo todas las condiciones y ante cualquier tipo de emergencia. La Brigada de Auxilio deberá actuar para rescatar a los componentes del Grupo que tuvieran alguna dificultad en acudir al llamado. Recordad que debéis preveer todas las condiciones posibles para evitar sorpresas de último momento, aturdimiento o pánico. Estos son los elementos que no deben entrar en ningún momento a jugar dentro de vuestros actos.

El advenimiento de nuevos componentes podrá producirse, solamente, si algunos de los del grupo establecido no acudieran al llamado. Recordad que deberéis limitar las incorporaciones extrañas a las indispensable. Agregar a aquellos que antes os negaron su comprensión o solidaridad será decisión del grupo, siempre hablando de los componentes que han trabajado tanto en la Tercera como en la Cuarta Dimensión. También deberéis considerar las posibilidades de supervivencia con las que contéis en esos momentos. Deberéis estudiar cada paso y no dejaros llevar por los sentimientos humanos. El acoger por simpatía o amor a otros, implica poner en peligro o en duda la supervivencia de los que ya están en el grupo. El amor puede jugar entonces un papel equivocado y sería sólo egoísmo humano.

Recordad también que en esta empresa hay que mantener un estado vibracional especial y una depuración que será difícil de lograr con los advenedizos. Vosotros tendréis que enfrentar la experiencia de parecer a veces egoístas e inhumanos. Esta situación es mejor comprendida en la Cuarta Dimensión por lo que llamaremos vuestra atención para que se obre siempre acorde con la protección del Grupo. Esta es la razón por la cual hoy, que aún queda algo de tiempo para la preparación, deben seguir "cursando las invitaciones" como lo hacemos nosotros desde la Cuarta Dimensión.

Si los oídos humanos se hacen eco de nuestras voces y la de muchos que han comenzado a trabajar, los grupos se reconocerán y se unirán. Entonces comenzaréis la distribución primaria de las tareas fundamentales en los quehaceres ya asignados de antemano. Nadie podrá dejar de cooperar de una manera u otra. Principalmente los niños ya conocerán el tipo de organización a la que deberán responder. Recordad que a ellos deberéis entregar mucho tiempo, porque actuarán en la misma medida que los mayores hayan sabido llegar a ellos.

La comprensión será el tema básico y fundamental. Hay que llevar a todos los seres humanos comprensión del nuevo estado y la nueva situación. Esto no se podrá asimilar en un curso intensivo de los que vosotros acostumbráis a tomar. Por lo contrario, estos cursos son largos y trabajosos, ya que consisten en una actitud para una vida nueva y una organización desconocida hasta ahora. Muchos conceptos que se perdieron en su esencia regresarán al punto de origen. Cuando esto ocurra buscad en la Naturaleza las repuestas que no encontréis en los laboratorios o en la ciencia. La Naturaleza posee y encierra toda la ciencia pura del balance universal. Siguiendo sus dictados, la supervivencia es un hecho factible para el animal inteligente que es el ser humano. Observad ahora que tenéis tiempo las actitudes de la Naturaleza. Sacad de ella las fórmulas sobre las que trabajaréis en el futuro. De ella podéis lograr los elementos básicos de la vida: el calor, el agua, el aire y la tierra. Estos elementos son parte de la fórmula parcial de la vida y unidos son la vida misma. En ellos encontraréis las ecuaciones fundamentales de la existencia y la supervivencia. Necesitaréis poseer los medios técnicos que garanticen su protección hasta que podáis abordar nuevamente la vida más natural.

La Organización del Grupo

Las tareas y ocupaciones deberán estar empalmadas y distribuídas en ciclos suficientes como para dar actividad; aunque siempre evitando el agotamiento de las personas. Esta es la mejor fórmula para mantener el epicentro de la cordura del grupo y el equilibrio individual. Solo siendo respetuosos de ese flujo y reflujo energético, lograréis preservaros de las actitudes humanas que se debilitan frente a los peligros.

Recordad que todo el entrenamiento anterior, habrá estado basado en una faz totalmente figurada. Cuando confrontéis los hechos reales, cuidáos los unos a los otros porque cada pieza del rompecabezas será tan necesaria, que no podrá ser reemplazada con éxito verdadero. Vosotros que tenéis más responsabilidades que los demás recordad, que debéis cuidaros tanto como protegeréis a todos los componentes del grupo. No olvidéis que cada acción individual tendrá repercusión en el resultado común.

Si la faz sicológica está totalmente elaborada nadie deberá sufrir miedo alguno, porque cada uno conocerá exactamente su rol, sus deberes y sus derechos. Todo esto y mucho más deberán recorrer los cerebros de cada uno de vosotros como un repaso individual y general; porque dependerá de la fuerza positiva de vuestras mentes cuán fácil o penoso será el cambio que deberéis afrontar.

Ayudaos los unos a los otros, pensad que todos sois iguales y que el Ser que constituye vuestras personalidades completas está muy lejos del que os refleja el espejo. Buscaos en los altos vuelos del espíritu liberto, y hallaréis la sorpresa maravillosa y el tesoro que nadie jamás podrá robaros. Os encontraréis a vosotros mismos, al ser único y maravilloso que conquistará un nuevo lugar en el Universo. Desde allí construiréis una Tierra Nueva más perfecta y en estrecho abrazo con los Niños Nuevos.

Los mayores con preparación suficiente deberán encargarse de la educación y evolución espiritual de los niños hasta los cinco años. Mientras tanto los sicólogos y los médicos estudiarán la sanidad psíquica y física de los niños para corregir cualquier deficiencia que pueda comprometer el desarrollo de una vida normal.

Después de pasados los primeros momentos de confusión, verán que todo puede irse conectando como una maquinaria que se arma lentamente para realizar un complicado trabajo. Por fin, marchará y producirá el resultado esperado. Después de ese lapso de tiempo la tarea se habrá simplificado. Los trabajos estarán en manos de expertas capacidades que serán necesarias para constituir una sociedad que se autoabastece, se simplifica, y obtiene de la naturaleza muchas de sus necesidades.

Dejamos a discreción de los preparados en la Tercera Dimensión la cantidad límite de personas que compondrán vuestro grupo por razón de espacio, extensión de tierra, comodidades básicas, y el tiempo de entrenamiento que deberán dedicar a estas personas. No deseo ofrecerles inflexibles sugerencias que os encasillen en determinados patrones. Sólo quiero dar las ideas y dejar que vosotros desarrolléis los programas. Siempre podéis exponer todas vuestras dudas y problemas para que tomen las mejores soluciones.

No olvidéis que los componentes de un grupo no serán definitivamente aceptados hasta que se proyecten con autenticidad en la Cuarta Dimensión. Así podrán expandir sus conocimientos con información obtenida desde la Cuarta Dimensión, como lo hicieron los colaboradores de este manual desde el año 1975.

Esto será posible sólo si hubieran desarrollado la evolución necesaria en contacto con su ser verdadero. De todas maneras todas las instrucciones estarán en vuestras manos, y si sois sinceros con vosotros mismos encontraréis los maestros que os ayudarán. Los que se sienten inclinados a esta labor, con práctica y entregada dedicación desarrollarán la telepatía después de los necesarios entrenamientos. Debe expresarse que una limitada cantidad de aspirantes llegarán a manifestar este desarrollo. Si los aspirantes son honestos los maestros aprobarán sus inclusiones. Se requiere la reparación por la Verdad y el arrepentimiento, pero la falta de sinceridad se considera como agua pútrida que puede enfermar, intoxicar y a veces terminar con la vida humana. Sólo el agua clara y pura sirve para calmar la sed y alimentar la vida, pero si arrastráis por la vida una mente viciosa, o tendencias que atenten contra los fundamentos del amor, la paz y la bondad, necesitaréis equilibrar vuestros "karmas" antes de ganar una completa depuración.

No podemos correr riesgo alguno, y aunque hayáis preparado muy bien a cierto número de personas, cuando llegue el momento puede ocurrir que solo encontréis unos pocos a vuestro lado. También puede suceder con gran sorpresa que algunos que creísteis que no habían madurado aún y que estaban lejos de estar listos para los cambios, cooperen y trabajen duramente por ayudaros en los momentos más críticos. Muchos llegarán por distintos y largos caminos, bajo una sola inspiración, pero con voces e idiomas desconocidos por vosotros. Sin embargo, reconoceréis en ellos la misma experiencia que la vuestra, las mismas enseñanzas, los mismos maestros, y la idéntica sabiduría de un Plan Sideral. Ante estos acontecimientos vosotros y muchos otros como vosotros, no comprenderéis como fue posible que el plan haya sido elaborado con tan alto perfeccionismo. Vosotros sólo necesitaréis seguir respondiendo a él con la misma fidelidad como hasta hoy, así fundiréis vuestro grupo con otros llegados de los más lejanos confines del mundo de la Tercera Dimensión. Con ellos seguiréis realizando la gran obra de estar unidos en el momento del tránsito hacia la Cuarta Dimensión.

Por lo hasta aquí explicado, habréis podido apreciar que no se trata de tener más o menos oportunidades para realizar vuestra misión de acoplamiento con los seres que constituirán vuestro grupo. No es cuestión de oportunidades, ya que vosotros veréis que sin vuestra energía llegarán advenimientos totalmente afinados.

Vosotros nunca detendréis la expansión para que la mayoría de los seres humanos cambien las nomenclaturas básicas de sus vidas. No se trata de que vosotros tengáis que hacer todo el trabajo. Los nuevos que se integren también deberán sembrar en la misma proporción.

Una vez reunido y cerrado el Grupo y puesta la máquina de la organización a funcionar, veréis que las tensiones se agudizan con el paso del tiempo. Como es natural la impaciencia humana es mucha y la fe poca. Veréis entre vosotros los que se desalienten, los que duden y se fatiguen fácilmente, pero los habrá también quienes ganen fuerza y valor para sostener a los más débiles. Vosotros ya os dijimos que no vendrán días fáciles.

Por esta razón es que no todos estaréis para enfrentarlos. Necesitaréis un especial desarrollo evolutivo para conjurar los peligros y las angustias de esos días. Las añoranzas del pasado de quienes lo hayan perdido todo, será el plañir doloroso de los eternos disconformes. Ellos se habrán incorporado a la Nueva Vida, pero los que no acepten su nueva existencia serán los que traigan más problemas y tensiones. Entre estos encontraréis a los que quieran erigirse en caudillos para hacer nacer la vieja fuerza del poder. Esta faceta estará superada por los oponentes porque será como querer resucitar a un monstruo vencido. Poco a poco, se conjurarán los inconvenientes por medio de la consciencia, y no la violencia, para evitar su propagación.

Orden Interno del Grupo

Conjurados los medios de obtener lo que en el valor de la prioridad significa la supervivencia, debéis pensar primeramente en un orden interno del grupo. Esto podrá llevarse a cabo sin ningún problema porque la organización se habrá estudiado anteriormente. Aquí voy a sugerir los órdenes de la prioridad para la función de un Grupo que convenga con lo necesario, en lo que respecta a las capacidades fundamentales, por ejemplo:

-1- Tres a cuatro personas; y observen que no hago diferencia de sexo ya que ambos trabajarán por igual, deberán asumir las producción de alimentos.

-2- Dos por lo menos deberán mantener el contacto, el orden de los niños y distribuir las labores y los estudios.

-3- Tres al menos deberán estar vinculados a la salud mental y física. (Léase que necesitarán al menos un médico, dentro o accesible al grupo).

-4- Seis a siete personas deberán rotar entre los quehaceres de mantenimiento y coordinarse como ayudantes de los (1).

-5- Cinco tendrán que elaborar los órdenes necesarios para que se disfrute dentro del grupo con las manifestaciones más amplias en el sentido del constante desarrollo espiritual. Organizados en los momentos más factibles en que todos puedan participar. Se podrá distribuir muy bien el tiempo en la meditación y los lapsos sicológicos y laborales. Debemos referirnos a las labores que se realicen exclusivamente en concentración colectiva. Porque todo programa deberá ser precedido por un plan energético que aclare y organice el proyecto.

-6- Cuatro deberán por lo menos tener a su cargo todo el orden físico-químico.

-7- Tres, la mecánica y la técnica.

-8- Cuatro deberán cooperar con los (6). Seis a siete cooperarán con los proyectos de (5).

No tendréis compuesto un grupo sino estáis contando con treinta personas por lo menos. La razón es muy simple: debéis cubrir distintos ángulos y no podéis esperar que una sola persona cumpla demasiadas funciones a riesgo de que no sea eficiente en ninguna. Treinta personas debidamente dotadas configuran un número ideal. Pensad en treinta personas que se identifiquen y que estén a tono con sus vibraciones y sentimientos. No penséis que es muy difícil ni os dejéis vencer por el desaliento, recordad que os dije que las piezas podrán ajustarse como en un rompecabezas.

Lo más difícil en un Grupo será ponerlo a marchar y organizarlo con verdadero afiatamiento. Ahora parece imposible pero, puede hacerse y así lo veréis en la realidad. Debéis tener una base para pensar y planear, aunque no veáis llegar ese número junto a vosotros, tened en cuenta que los necesitaréis y que el plan deberá incluirlos.

Siempre Habrá Quienes se Alejen del Grupo

Los caminos que no se acercan pueden conducir a distintos destinos, pero pensad siempre que todos los caminos tienen regreso. Los mismos pasos que nos alejan pueden caminarse en el retorno y entonces se producen los encuentros. Nunca penséis que es vana la lucha porque hay quienes se alejen. Comprended que la única acción que no es válida, es la inercia y el silencio. Aunque no tengáis junto a vosotros a todos los que quisiérais, proseguid vuestra marcha y vuestra siembra. Permaneced unidos a los que os abrazan y sostienen, porque aquellos que hoy no están, es posible que un día necesiten buscar vuestro calor. Entonces cuanto más cerca estéis de ellos, mas efectiva será la ayuda que necesitaréis prodigarles. Contad con la posibilidad de que vuestro techo sea hogar de muchos que lleguen en busca de calor y alimento. Habrá una Luz sobre ellos como un faro que ilumina la senda segura en la noche de tormenta. Sentíos felices y serenos frente a estas tempestades. Mantened la puerta de la Bondad y el Amor abierta para los desventurados y para los amigos que tardaron en escucharlos. Pero en momentos críticos deberéis manterner las puertas cerradas.

Hoy es necesario educarse, evolucionar, desarrollar los planes, y ponerlos en marcha lo antes possible. Tened compuestos los diferentes temas que trabajarán coordinados en los programas de la supervivencia. Dividid los distintos equipos en especialidades y componed los proyectistas, los asesores y los realizadores. Es decir que en cada grupo debéis contar siempre con estos tres niveles de acción. Reuníos por parte y en conjunto y después de tener concebido un plan coordinado de acción escribid distintos cuadernos, que deberán quedar en manos de cada uno de los que compongan el equipo, para que la acción sea conjunta, individual y coordinada a la vez. No os parezcan demasiadas las precauciones que toméis especialmente cuando debáis cubrir las necesidades primarias de las que ya os hablé. Todas las precauciones serán bienvenidas y no os importen los que piensen que estáis delirantes. Proseguid sin pausa y sin debilidad porque nunca os arrepentiréis de ser precavidos.

Los Desplazados y los Advenedizos al Grupo

Los que llegan de lejanas tierras van a compartir los mismos intereses y las mismas inquietudes que vosotros antes de los cambios. Ellos vendrán para formar nuevos grupos y ayudar a los que huyan del hambre y de la amenaza de nuevas guerras. Esto aumentará las necesidades en vuestros grupos si se unieran a vosotros aunque demostrarán un mejor desarrollo espiritual, para sobrevivir necesitarán incorporar muchos de vuestros adelantos científicos. Esas culturas también podrán llegar al Mundo Nuevo porque tenderán a prepararse en todo lo posible y vosotros simpatizaréis con ellos, ofreciéndoles conocimientos y adelantos que hoy ni podríais imaginar. Cuando estos grupos de desplazados puedan enfrentar los grandes cambios con gran suceso, los incrédulos que los llamaron atrasados tendrán que admitir su ignorancia y su error. En esos momentos los seres humanos de hoy, quienes dedicaron todas sus vidas a los intereses totalmente materiales, tendrán que admitir que tal vez ya sea muy tarde para la reparación. Sabemos que hay muchas inquietudes cuando hablamos a este respecto, pero fundamentalmente permitíos un momento de introspección. Cuando vosotros os encontréis con vosotros mismos; escuchad con atención porque muchas dudas os serán aclaradas y todas vuestras preguntas contestadas.

Las organizaciones futuras habrán olvidado las altisonantes y herejes adulaciones y llamarán por fin a la Humanidad por sus verdaderos nombres y por su valor. No importará entonces pertenecer o no a tal familia como ocurre hoy, tener más o menos fortunas y poder político o religioso ya que estas preferencias no tendrán valor. Por lo tanto, hacer el bien a su grupo no será un acto que mueva a niveles o premios especiales, sino que implementará la preocupación y meta fundamental de una satisfacción perseguida. Se entenderá que la tarea proyectada iluminará su propia vida, y no será como promesa de un perdón después de la muerte. Será el concepto filosófico fundamental que alimentará a todas las organizaciones del Mundo Nuevo. Por ello insistimos en que quienes no hayan efectuado las necesarias correcciones dentro de sí mismos antes de los cambios, no estarán en condiciones de incorporarse a él. Necesitaremos de esta serena concepción de la consciencia que desea evolucionar para poder asegurar la obra futura que deberá desarrollarse en el planeta.

CAPITULO SEIS

El Amanecer en el Nuevo Mundo

Se entrará entonces en un período más regular y estabilizado, y lo primero que se pondrá a funcionar nuevamente serán la Universidades, los Laboratorios y los Hospitales. Luego, vendrán los otros centros de estudios especialmente los de las ciencias, donde acudirán los jóvenes con el fin de asegurar la sanidad de la vida de las futuras generaciones.

Un gran enemigo se habrá vencido en la sociedad del futuro. Ningún ser humano se sentirá solo, todos serán parte y estarán integrados en una sociedad que les pertenecerá, y a la que pertenecerán porque darán y recibirán de ella; no ya de un pequeño núcleo sino de todos por igual. Esta será la mejor cura para muchos males que aquejan ahora a los jóvenes y a los ancianos. Ambos padecieron la frialdad de una sociedad indiferente y déspota que los encasilló según sus edades y sus condiciones sociales, y no según sus capacidades, su desarrollo y su evolución. Visto y aprendido este importante cambio, se olvidarán muy pronto las quejas del pasado y sólo trabajarán en elaborar el futuro. Acumular conocimiento será de tal necesidad en estos días que las enseñanzas básicas de las ciencias del futuro se llevarán a cabo en los laboratorios. Los maestros trabajarán sólo en el contacto con la experimentación. Es decir que los programas se adecuarán a métodos muy nuevos que servirán de base para los estudios superiores.

El primer y más importante experimento a realizar y de extraordinaria significación para el planeta, será la forma de alimentación y el destierro absoluto de la mala nutrición. Primera y básica necesidad de un planeta evolucionado es tener la solución de su sostén fundamental. No es posible usar vidas útiles y de gran importancia para los periodos evolutivos en la búsqueda del alimento diario. Esto ocurrirá después del Gran Cambio si el ser humano olvida sus luchas por abastecer las facetas primarias del animal, y piense más libremente y con más acierto en su desarrollo espiritual e intelectual. Una lógica consecuencia y que puede ponerse al alcance de las manos cuando la psiquis esté preparada. De otra manera pasaría lo que ocurre hoy con los que no tienen esa preocupación en la vida. No se dedican a investigar, no tienen interés en prepararse intelectualmente, y rechazan a sus familiares que luchan por apartarlos de los vicios y la disipación, cuyas consecuencias pueden llegar a destruirlos.

Hay enormes cantidades de energías, dineros e inversiones que tienen como destino la ineficacia de los parásitos sociales. Ellos ya no despertarán a la realidad porque habrán perdido contacto con la chispa divina del ser humano evolucionado. Las situaciones actuales exigen un cambio sicológico para adaptarse y asimilarse a las nuevas condiciones de vida que asegurarán su incorporación el Mundo Nuevo. Recordad que nada se espera que hagan sin estar totalmente preparados. Lo que entra en la generalidad se ofrecerá para prestar ayuda y evitar dilaciones inútiles. Ya os dijimos que busquéis la situación que más convenga a todos, o en su defecto a la mayoría. No desesperéis ante las pérdidas materiales aparentes. Más se ha perdido en las guerras sin que se produjera ningún beneficio para la Humanidad. Lo que signifique progreso y futuro se reconstruirá o de lo contrario será mejor que quede en ruinas como mudo testimonio del pasado.

Los Polos de La Tierra

Después de este corto periodo de estabilidad, los Polos de la Tierra sufrirán una corrección y tomarán una nueva posición. Entonces los cambios climáticos se agudizarán y las tierras gastadas irán a cumplir un descanso de reparación. Tierras vírgenes surgirán con todos sus maravillosos tesoros que ayudarán a la supervivencia y al desarrollo. La Humanidad agotó muchas fuentes naturales y envileció el aire, la tierra y los océanos, pero entonces todo regresará limpio y natural. Esta regresión no llegará sin grandes pérdidas de vidas y materiales, pero cuando el equilibrio se recobre la técnica estará muy elaborada y asegurará la absoluta protección del ambiente. Seis mil años fueron necesarios para construir la última faceta evolutiva de este milenio. Sólo un instante bastará para destruir el esquema vencido y comenzar a reconstruir un Mundo Nuevo.

El golpe parecerá atroz, pero los resultados serán magníficos, y ya es hora de ver algunos resultados. Los que aún no comprendan lo ocurrido necesitarán la guía de los "preparados", pero será fácil que penetren en la nueva realidad. Animales silvestres y pájaros extinguidos en el pasado regresarán lentamente en sus especies primarias, ya asimilados al nuevo medio pleno de pureza. No hablamos de especies gigantes sino de animales extinguidos por el ser humano y su insaciable fiebre de adueñarse de sus animalitos, de las tierras, los árboles y de toda la riqueza natural que favorecieran su mezquina necesidad de posesión.

Después comenzarán las etapas de equilibrio y la vida tendrá un curso balanceado. Los antiguos y renombrados Centros de Estudios, que aseguraban un gran prestigio a sus alumnos no por sus capacidades, sino por los altos precios de sus matrículas, deberán abrir sus puertas al aporte de la inteligencia, ya que la educación será gratuita. Otras escuelas ya existentes estarán incorporadas a un sistema donde los alumnos de vocación pronunciada estudiarán para servir a la sociedad y resolver sus problemas de adaptación. Los cerebros contarán más que los números humanos. No será el gran número de habitantes los que hablen de su grandeza, sino sus notables e insospechadas conquistas en el campo científico y técnico. La sociedad adoptará los adelantos complacida porque todos los disfrutarán por igual. Los bienes de la sabiduría serán respetados por encima de todos los demás.

Los niños comenzarán a tener todo su interés en esa evolución. Sus mentes afiebradas siempre por las fantasías ya no las necesitarán. La verdad superará en mucho a la fantasiosa imaginación que algunas veces fue reveladora del futuro.

El Nuevo Orden

Los gobiernos existirán, si se habla de gobierno al decir que la Humanidad tendrá controles administrativos para distribuir con justicia las riquezas naturales y las que elaborarán sus habitantes. Serán gobiernos todos los técnicos, los científicos, y los que trabajen por la Conservación de la Naturaleza, cuyo valor se tendrá muy en cuenta. No se contará con gran cantidad de terreno inculto y virgen, porque mucha tierra necesitará descanso para ser reparada. Sus riquezas jamás dieron beneficios para toda la Humanidad, sino que sus conquistas sirvieron para enriquecer a unos pocos y esclavizar a muchos. Si todos hubieran trabajado armonizados y sin ambiciones desmedidas, cuánto más sencilla y placentera hubiera sido la vida en el planeta Tierra.

Para la familia, podéis contar conque tendréis muchos más motivos para amaros y respetaros que hoy. Los lazos que os unirán serán los de vuestros familiares y los de los grupos que formaréis. Es decir que la única y no discutida autoridad familiar será el amor entre sus miembros, que jamás será menor ni mayor que el que prodiguen a vuestros semejantes.

La protección y la responsabilidad de cada uno de vosotros serán compartidas por la nueva organización y no ya sólo por el núcleo pequeño compuesto por padre y madre. Las obligaciones y el amor por sus hijos será igual al que prodiguen al resto de los niños.

Tal vez, es difícilmente comprensible que los lazos de los seres del grupo sean tanto o más fuertes que los de la sangre misma, pero recuerden que los instintos animales se debilitarán y la Nueva Era traerá los nuevos valores. Si así no fuese, los pasos habrían sido dados en falso y nada de lo dicho sería factible. El cambio abarca e incluye una evolución en otras personas completamente distintas en lo conceptual, en la estructuración de la mente, en la concepción de lo humano, lo Divino y lo referente al destino de la raza humana. Esto habrá sido ya manifestado en el primer índice del cambio sicológico operado. La nueva Filosofía será comprensible para quienes hayan estado esperando las explicaciones que las mentes procesarán inmediatamente. Después de la larga noche que el mundo habrá atravesado este será el amanecer de todas las personalidades que se hayan elevado a la Cuarta Dimensión.

La Justicia existirá como es en todos los Centros Evolucionados del Universo. Se hará por auto-juzgamiento de los hechos por la propia necesidad de enmienda de quien cometiera el error. La autodestrucción si fuera necesaria se permitirá solo para invalidar el sufrimiento que no tenga alivio remediable. La carga emotiva de los que cometan actos perversos será muy cruel porque el arrepentimiento nunca balanceará los daños en la Tercera Dimensión. La personalidad deberá reciclar después de la muerte física. La autodestrucción no será un paso inteligente si acortara el término de vida útil, o restara las oportunidades de una rápida enmienda. Nadie tendrá el derecho de interrumpir el término de vida de nadie. Aunque parezca hoy demasiado cruel ante vuestros ojos, es una piadosa y además irreprochable medida de libertad del libre albedrío del que tanto se habla, pero que tiene pocas posibilidades en la práctica actual. Recordad también que ante el total conocimiento y la posesión de la Verdad también lo conceptual con respeto a la Vida y la Muerte cambiará. Será tanto el cambio que el vocablo Muerte habrá de ser sustituido por otro que represente mejor la idea de una transformación. En el futuro la mente creará más que palabras, ideas completas con una simple imagen transferible por ondas telepáticas.

El Abandono de la Mentira

Frente a la inoperancia y el fracaso de la política, el descrédito y la desconfianza de los políticos crecerá a tal extremo que una completa y acusatoria inercia hará detener la marcha de la politización de los países. Nadie poseerá una plataforma sana para el desarrollo y sin seguidores se derrumbarán. Las nuevas generaciones no querrán saber de ellos ni oír sus nombres.

La historia de todos los países necesitará una revisión extrema y depuradora, que destruirá las glorias de muchos que fueron llamados héroes y próceres. El pasado y el presente darán la pauta del futuro. Llamar a alguien "mentiroso" constituirá un insulto, pero por encima de todos los insultos, el que más lastimará. La mentira comprobada tendrá tanta pena y castigo como el asesinato, el asalto a mano armada y el robo.

Las conmociones vividas darán como resultado una organizada Fuerza Internacional que mantendrá el orden, la paz y la justicia. El respeto por una institución representativa de todos los países del orbe y constituída por los designados por sus conocimientos científicos, con alto nivel jurídico y moralidad intachables, ya no podrá ser influenciado por intereses partidarios. Esta será la única forma de sacar al planeta del punto muerto que detendría su paso a la Cuarta Dimensión. Las organizaciones de gobierno mantendrán hasta ese momento su individualidad en cuanto a su Constitución se refiere. La mayoría se gobernará por organismos que agruparán a los niveles de trabajo, orden y protección civil representados por los seres mejor preparados en sus diferentes especialidades. Este será un proceso inicial de gobierno apenas perfilado para el futuro, porque consistirá solamente en un ejercicio previo a la tarea que empezará al entrar en la Nueva Era.

Cambios de Consciencia se Manifestarán en el Sentido Común

Un cambio que se empezará rápidamente será el de la producción masiva de la vestimenta que llamáis genéricamente "moda". Deberéis aceptar que cuando habláis de la moda, estáis hablando de algo obsoleto e inútil para el mundo del futuro. Estáis muy atrasados si consideráis importante lo que os ponéis sobre el cuerpo. El cuerpo por sí mismo os viste, pero considerando razones de temperaturas y por respeto a las costumbres es que necesitáis cubriros. Creativamente desarrollaréis un sistema práctico, no uniformado, de distintos colores, y agradablemente indicado para las distintas estaciones. Lógicamente su elaboración no tendrá un gran alcance especulativo, pero podrá elaborarse dentro de los mismos grupos, o de lo contrario, los costos estarán al alcance de todos. Es absolutamente ridículo que paguéis con horas de sacrificado trabajo, la vanidad que se ha apoderado del ser humano hasta esclavizarlo a una necesidad que no existe. La "moda" fue creada para engrosar la cuenta bancaria de unos cuantos negociadores de la ignorancia humana. Vosotros estaréis dando a la vestimenta un sentido total de practicidad, siempre de acuerdo a la época y lugar donde habitéis. La necesidad de cambiar vuestra vestimenta muy a menudo tiene por justificación la higiene.

Simplificar la vida será la ley primera adonde asentar el futuro. Las sofisticaciones estarán solamente en los laboratorios donde los sabios, los estudiosos y los técnicos resolverán problemas y necesidades comunes de toda una nueva civilización. Lo demás en valores no valdrá ni un céntimo, porque se descartará por inútil. Solo la esencia de la vida valdrá consideraciones. Todos gozaréis de la naturaleza. Nadie es dueño ni puede poseer el sol ni el derecho de las bellezas naturales. Las ciudades serán museos desiertos en el mundo por venir y serán consideradas tan inhóspitas como las cárceles de hoy. Con la misma repulsa conque hoy vosotros no aceptaríais vivir reducido a una cárcel oscura y fría, los seres del futuro se negarán a vivir en las grandes ciudades y se alejarán de ellas. Esto comenzará a manifestarse lentamente hasta que el éxodo sea completo. Poco a poco, veréis nacer la inquietud potente de la búsqueda de la paz y el acercamiento con la vida natural. Muchas personas que jamás pensaron en dejar sus "ciudades" comenzarán a abandonarlas.

Comunicación Telepática

Recordad que las ideas telepáticas serán las que constituirán todas vuestras comunicaciones en la Cuarta Dimensión, y que se habrán derribado entonces todas las barreras de incomprensión y de mentiras. Los seres de la Cuarta Dimensión se entienden y elaboran sus vidas ante la Verdad. Será necesario utilizar mucha paciencia para introducir en la sociedad actual tales conceptos. Sin embargo no es una empresa imposible sino que lentamente vuestras consciencias transformarán a los seres del Futuro.

CAPITULO SIETE

Desarrollo de Sentidos Extra-Sensoriales y la Evolución de la Consciencia

La entidad viviente en la tercera dimensión puede desarrollar cuatro sentidos extra-sensoriales:

• Consciencia de misiones en otras dimensiones: Experiencia directa de existencia y actividades en la cuarta dimensión, viviendo en la tercera dimensión.

• Percepción de las energías sutiles: Visualización de energías y comunicación por medio telepático.

• Control y extracción de las fuerzas naturales: Facultad de percibir y componer energías y modificarlas con la fuerza de la mente canalizada.

• Capacidad de codificación mental y memoria consciente: Archivo inactivo de rápida evaluación para enfrentar decisiones y hechos, con estadísticas reveladoras, para lograr ahorrar esfuerzos inútiles, riesgos y tiempo malgastados

Una nueva mentalidad nacerá en el mundo con rapidez y para el bien de la Humanidad. No importa cuanto tiempo demande cada uno de estos desarrollos especialmente en los jóvenes. No los demoren, un día la urgencia de aprender se adueñará de vosotros. Esperamos que seáis muchos los que se unan a esta necesidad.

No temáis ni tratéis de envolver vuestras existencias en un misticismo enfermizo, deberéis ser prácticos, especialmente en cuanto al comportamiento frente al peligro. Nada que atente contra vuestra vida será plausible ya que deberéis conservarla para cumplir vuestro cometido. No queremos héroes muertos, queremos mentes sanas y cuerpos hábiles dispuestos a la gran maniobra constructora de una mejor existencia del planeta Tierra. Vosotros sentiréis una gran felicidad si podéis realizar vuestra obra.

La energía evolutiva ya ha establecido esquemas de eventos y pautas entendibles para que los que puedan seguirlas vivan dentro de la protección de la Paz, el Amor y el Conocimiento. Sobre estos tres vértices se levantará la evolución futura de todos los seres humanos.

Debo aclararos que respirando con sanidad extraeréis una fuerza vital que lleva a vuestro plexo solar la energía cósmica que extraéis del aire. La función orgánica conocida como respiración ayuda a una para-función que hoy no es conocida dentro de vuestra dimensión. Ésta existe, pero no contáis con los elementos necesarios para detectarla. Basándonos en la importancia de esa para-función de la respiración, es que insistiré en que la practiquéis como método de sanidad diario. Enseñad a los niños este sistema energizado y veréis que crecen más sanos y alertas.

Evolución de los Sentidos: Nueva Percepción

Con la posesión de los nuevos sentidos tendréis el despertar a un nuevo amanecer. Muchas vidas que hoy todavía son inútiles, podrán comenzar un nuevo destino, una meta que hará valedera su existencia. Procurad por ello que la expansión se produzca y no enturbiéis vuestra mente con los temores de aquellos que serán vuestros detractores. No pretendáis una posición mejor que la que tuvo Jesús, un ser humano con completa elevación de consciencia, que vosotros todavía no habéis alcanzado. Sin embargo tuvo acusaciones y verdugos que lo llevaron al máximo sacrificio como a muchos otros mártires. Tened fe en vuestras propias fuerzas, no temáis el encuentro con los débiles y los equivocados. Ellos tienen mucho que perder si prefieren dedicarse a la crítica antes que pensar. Deberéis sentir piedad por ellos y no temer la ola de improperios que puedan levantar. ¿Quién es en realidad más pobre? ¿El que posee y anuncia su Verdad aunque sea su única posesión, o el que lo atesora todo miserablemente, pero no tiene respuesta alguna cuando le preguntan: ¿Por que está vivo en este planeta? Aprended a valorar vuestras posesiones y no seáis egoístas al repartirlas. No cerréis la mano por temor a encontraros con aquel que quiera morderla. Recordad siempre que vuestras manos están repletas aunque sean las manos del mendigo, y que las del ser vacío no podrán llenarse jamás, aunque sean las manos del ser más poderoso de la Tierra. Vosotros regaréis semillas en la Tierra Nueva y él se asfixiará finalmente en sus inútiles riquezas.

Cada uno de vosotros seréis una parte importante de la misión del grupo. Mientras tanto llegan los que habéis invitado la acción a seguir ya la conocéis: Propagad la palabra de alerta y continuad adelante con el desarrollo de vuestras facultades extras. Para ello cuanto necesitáis es meditación diaria si es posible, individual o en grupo. Además tendréis que propiciar reuniones para el desarrollo de las nuevas consciencias y los nuevos canales si hubiera quienes deseen acompañaros. Debéis estudiar ciertas partes del material informativo y enseñar a los nuevos a aprender a respirar, relajar, poner la mente en blanco y saber suspender toda actividad conciente. Esto ayudará a la simple, pero evolutiva consciencia a encontrarse con su ser verdadero.

Pensad siempre que el conciente lucha desesperadamente por aferraros a vuestros sentidos y poseerlos. Por eso, deberéis aprender a ser dueños de ellos y a utilizarlos sólo a vuestro mandato si queréis dar paso a los nuevos sentidos. Un día comenzaréis el uso de todas vuestras facultades naturales, puesto que en esto no hay nada sobrenatural.

Cuanto más cerca situéis a vuestros grupos de la conquista de sus facultades totales, abriréis mejor las compuertas de la comprensión y la posesión del futuro de la Tierra. El ser humano estuvo milenios perdido en el juego erróneo de crear mentiras para calmar el dolor que sentía viviendo sin razón ni conocimiento. Sabía que necesitaba creer en algo para explicarse su presencia en el planeta. Desde su aparición en la Tierra creó millones de dioses, de piedra, de barro, de terracota, de fuego, de hielo, de madera, dioses que mezclaban figuras de pájaros y de animales con imágenes de seres humanos, hasta que finalmente comenzó a crear dioses de los seres humanos. Esta fue la única manera que se permitió seguir su marcha casi siempre hacia el desatino, ignorante de buscar dentro de ellos mismos la presencia del Creador Supremo. Cuando perfeccionéis vuestra civilización todos os encontraréis finalmente con vuestro Dios, al que habéis tenido con vosotros desde la eternidad.

Mientras esto ocurre, no olvidéis que cada uno necesitará conocer su definitiva dedicación futura y tomar los conocimientos necesarios hasta llegar a dominarlos. Ellos serán una dádiva positiva para los grupos y para la evolución. Quienes estén en preparación, tendrán mayores responsabilidades, porque ellos constituirán los puntales de los grupos. Recordad que si estáis logrando abrir una senda hacia la riqueza y el poder con vuestros estudios; y si ellos no son satisfacción científica o atesoran amor por lo que hacen, de pronto comprenderéis que habéis elegido muy mal. Esta carrera, ocupación, u oficio no servirá a vosotros ni a los demás y habréis perdido lastimosamente el tiempo. Pensad y razonad con verdadera sinceridad para evitar la equivocación. La ciencia, la técnica y todo estudio que sea aplicable para mejorar la vida de la mayoría serán en definitiva los que regirán el mundo activo del futuro. No estamos diciendo que necesariamente deberéis ser técnicos o científicos para caber en la Nueva Era. Se trata de que comprendáis que entonces algunas actividades ya no serán necesarias. No desearíamos que algunos interesados en asimilaros a un grupo, enfrentaran la difícil situación de no ser incorporados por faltarles conocimientos indispensables o prácticos.

No temáis presiones o situaciones difíciles sin solución porque lo más importante ahora son los pasos que vais tomando. Debéis tratar primero de capacitaros haciendo ejercicios que os permitan sentir plenamente la existencia completa de vuestra entidad. La naturaleza ya os he dicho os dará muchas respuestas. Dejad vuestros ojos libres en el paisaje natural más cercano a vuestra vida, respirad hondo, sosteniendo la respiración en la cuenta de cinco. Repetid este ejercicio diez o doce veces, siempre que tengáis la oportunidad de salir de las elaboraciones prácticas y estar en contacto con el medio natural. Poco a poco, sentiréis despertar la gloria de la paz espiritual que saborearéis muy fácilmente. Un oasis que siempre os rescatará en medio de cualquier tormenta.

Os preguntaréis, cuales son los propósitos de estas prácticas y os explico:

1: La Naturaleza genera un caudal de energías de vuestro mismo canal espiritual.

2: Poder acudir en busca de la paz y la serenidad, sin realizar sofisticaciones que casi siempre comprometen vuestra paz interior y vuestro tiempo.

3: Acoplar un elemento de ayuda al desarrollo de vuestros sentidos extras.

Es más fácil despertarlos en contacto con los elementos naturales porque ellos poseen descargas de distintas frecuencias electromagnéticas, foto eléctricas, etéricas y vibraciones de animales benéficos que son muy sensibles a vuestros sentidos.

Poneos en el orden del día la práctica de la benevolencia y la tolerancia. Vais a necesitarla para lograr vuestros objetivos sin perder la calma ni el equilibrio que necesitaréis.

Muchos advenedizos que hayan llegado tarde no desearán alejarse de vuestro lado como si fueran niños que han perdido el camino. Comprended que así se sentirán quienes perdieron el orden de los valores que poseían en sus vidas antes de unirse al grupo. Necesitaréis tener mucha paciencia y bondad porque ellos necesitarán estar con vosotros para que los guíen a la nueva realidad. Debéis ayudarlos a comprender esta situación a los que puedan absorber la enseñanza con la evolución que hayan alcanzado. Todos debéis responder a las preguntas fundamentales:

1: ¿De donde he venido?

2: ¿Adonde voy?

3: ¿Quién soy?

4: ¿Para que vivo?

Enseñad lo que habéis aprendido. Enseñad lo que se os ha sido enseñado. Seréis realmente dichosos ayudando a los demás y compartiréis la dicha que ellos disfruten cuando se reconozcan a sí mismos. Los que no crean haber encontrado el camino se desviarán, pero tal vez donde menos lo esperéis volveréis a encontrarlos. Nunca os angustiéis, porque de una u otra manera, quienes están señalados encontrarán el camino cuando despejen su incomprensión e inmadurez. Nada quedará por hacer o agregar entonces. Los que creyeron que los patrimonios de la evolución llegan sin labor ni lento aprendizaje, no podrán integrarse en los eslabones de esta cadena. Pensad en esto, pero jamás abandonéis las buenas ideas de la difusión.

La Evolución de los Jóvenes

Hoy la Humanidad se lamenta de la indiferencia de los jóvenes frente a los principios de la moral, la ley y el orden, pero no comprende que hay sólo una gran mentira en cada uno de los puntales de la sociedad actual. Por esta razón los jóvenes se sienten tan inseguros, deseosos de destruir estructuras, de enfrentar los valores establecidos y quebrar las reglas de conducta. En este desatino muchas veces se les va la vida, porque carecen de la energía canalizada de la Verdad para cambiar una realidad que los asfixia. Si los jóvenes llegaran a conocer la fuerza de sus seres verdaderos, no sentirían la decepción que los empuja a destruir, sino que cambiarían desde la raíz depurando sus vidas. Desgraciadamente, la mente programada y aislada no brindará un camino nuevo a la Humanidad.

La juventud del siglo veintiuno necesita experimentar una realización verdaderamente espiritual para superar las programaciones mentales y penetrar en el conocimiento Universal. La identificación con la energía del ser verdadero es posible en cada ser humano, pero para alcanzarla es preciso una nueva consciencia, con paz y evolución. Por ello, quisiera dar por sentado que en cuanto al tema de la juventud y vuestra sociedad, los jóvenes no están tan equivocados como creéis. Lo están en sus métodos y en los escapes ficticios que realiza. En la huída sin dirección que los lleva hacia el vicio de las drogas, la bebida, o el desgano con que aceptan los desafíos del trabajo o el estudio. Estos absurdos escapes los empujan a destruir y ensuciar aun más los caminos que ellos mismos deberán transitar.

No es nuestro deber juzgar y no juzgamos. Aunque sí sabemos que si ellos despertaran de estas absurdas pesadillas llegarían a elevarse por encima de todas sus miserias: en el vuelo maravilloso que alcanzan todos los que están realmente vivos, latentes y vibrantes. No solamente en la carne que sufre y lastima, sino mucho más allá. Hoy muchos de ellos que saben de la existencia en la Cuarta Dimensión, y de la eternidad de las personalidades, pero todavía sienten miedo de perder los programas conque los educaron y siguen viviendo a oscuras. Ellos constituyen también un problema que se deberá definir. Los que se aferren al escepticismo por el temor absurdo, no tendrán muchas oportunidades, porque dificultarán la tarea de los que sienten el llamado para comenzar a cambiar. Esta situación será difícil, pero también necesitará vuestra atención. No los olvidéis, porque habrá muchos que pueden aún salvarse. Calma y acción serena es el camino, pero labraréis permanentemente el campo que tengáis por delante, dejando caer la semilla aunque fructifique o no.

Que es el NUEVO MUNDO?

Respuesta: Es el que será como debió ser desde el principio. Un mundo de amor donde Dios se habrá manifestado dentro de la misma humanidad y existirá Amor mancomunado entre todos los seres humanos, que serán gobernados por un alto nivel intelectual y de consciencia.

CAPITULO OCHO

Evolución de Consciencia: Evolución Fisiológica

Deberéis preparar a consciencia el plan de la producción de ciertas calorías, carbohidratos, y proteínas que no podéis descuidar especialmente en el desarrollo de los niños y la conservación del cerebro de los ancianos. Deberéis investigar a consciencia los elementos que el mar os proveerá. De él podréis obtener muchas soluciones sino todas. Recordaréis que el orden natural es el más adecuado en cuanto a sobrevivir en condiciones de emergencia. Es decir; la primera preocupación debe ser mantener las energías físicas y mentales. Las concernientes a la consciencia serán atendidas por quienes hayan pasado por el desarrollo de los sentidos extras.

Vuestra Consciencia Os Guiará Hacia Cambios Fisiológicos

Ya nunca resolveréis las necesidades primarias con soluciones primitivas. No deberéis resolverlas tampoco con alcances científicos, o con medios que provienen sólo de la evolución de la mayoría de los seres humanos. Es decir que estaréis preparados para tomar medidas que no adoptaríais de buen grado en este momento. Como por ejemplo, entonces aceptaréis comer un pan de proteínas de pescado que probablemente hoy vuestro paladar se negaría a adoptar.

Todavía hoy se vive en un sistema que tiene valores distintos a las emergencias que enfrentaréis en el futuro. Hoy tienen valor muchas cosas que mañana no valdrán nada. Hoy coméis subjetivamente por impresiones de propaganda, o bien por arraigos de costumbre familiar o refinamientos que son innecesarios. Comprended que muchos elementos naturales os brindan la solución de todas vuestras dietas, pero cuando cocináis como vosotros llamáis a la preparación de los alimentos lo que en realidad hacéis es simplemente debilitar los verdaderos nutrimientos que son irremplazables. Deberíais comenzar por cambiar, poco a poco, vuestras costumbres y balancear una dieta natural que contenga básicamente proteínas naturales, vegetales y pescados. También podéis mantener en proporción adecuada a vuestras necesidades todas las frutas. No es que vayáis a abandonar la práctica de la cultura que habéis hecho de la cocina, pero al menos intentad los medios naturales y practicadlos hasta derivarlos en la doctrina de la nueva vida y la nueva salud. Veréis desaparecer muchas enfermedades cuando adoptéis la comida natural, sin fritos, sin cocimientos y con los puros aceites vegetales y naturales que os ofrece la naturaleza. Este tema es sumamente importante y largo y requerirá una especial atención más adelante.

Nosotros hemos recibido instrucciones básicas de la alimentación que os pasaré muy pronto. Con ellas deberéis tratar de comenzar ciertas prácticas y cambios en vuestras dietas, y descubriréis sus buenos resultados no solo al mejorar vuestra salud, sino también vuestra economía. Consumiréis menos dinero en la alimentación y rejuveneceréis la agilidad física y cerebral. Como se trata de ayudaros a desenvolver una vida más sana creo que será una buena medida practicar un poco con los elementos que utilizaréis. Por ejemplo, toda verdura de hojas verdes es un elemento positivo en la alimentación. No así los tubérculos que traen consecuencias nocivas en la sangre. Por ello, también deberán ser eliminadas las harinas blancas y los campos de trigo que siempre han sido llamados la riqueza de los pueblos. Estos deberán cambiar de fisonomía y serán panes morenos, de soya, o harina de pescados. Los azúcares deberán estar bajo control y no permitir su uso nada más que estrictamente en el mínimo necesario. Si hoy adoptáis el paladar, podríais llegar a consumir menos de la mitad de los azúcares y estaréis mucho más saludables. Las verduras de hojas verdes no deben ser hervidas en agua, sino hervir un poco de agua y tenerlas sobre su vapor por algunos momentos, solamente con el fin para eliminar la presencia de cualquier contaminación, pero conservando sus vitaminas y sabor. Pueden también hornearse de tal manera que eliminen toda el agua y convertirlas en una harina que puede utilizarse en la alimentación concentrada, ya que ingiriendo muy poca cantidad se pueden recibir grandes dosis de vitaminas naturales. El proceso es válido para la deshidratación porque pueden ser ingeridas en la forma que deseéis. Podéis también unirlas a los panes que serán en definitiva el medio mas factible de comer sintéticamente, y no tener que preparar tantas comidas. Si tenéis panes de vegetales, panes de pescados, panes de proteínas, no necesitaréis consumir la cantidad de energía que gastáis para cocinar. Tampoco consumiréis tantas horas de labor ni la enorme cantidad de productos que necesitáis para hacer una comida.

Las frutas son una parte de los alimentos insustituibles por su riqueza, pero debéis controlar los azúcares excesivos. Por lo tanto, cuando consumáis frutas mezclad diversas clases y no las agreguéis a alimento alguno.

Si os parece difícil poner en práctica este sistema, o tenéis dificultades de manufacturación, utilizad los mejores medios con los que contéis, hasta que hayáis creado los definitivos. Insistimos en eliminar los tubérculos, las papas blancas, amarillas o rosadas, las dulces o no, toda raíz harinosa que contenga almidones es nociva y solo engordan. Comed sólo panes oscuros y estaréis bien orientados. Recordad que podéis comenzar la investigación con estas sugerencias y estaréis bien inspirados.

Cread se os ha dicho. Recordad que el mundo del futuro será de los creadores. Cread una nueva manera de alimentaros manteniendo la fidelidad a los básicos y encontraréis una nueva y muy sencilla manera de preservar la salud. También olvidaos para siempre de los aceites fritos y las grasas que dañan la sangre y el cerebro. No dejéis que las grasas animales impregnen vuestras comidas, no comáis cerdo, ni vaca gorda, ni animales de cuatro patas que pesen más de 30 o 40 libras. En su adultez es cuando el animal acumula las grasas que realmente os dañan. Todo lo que sea delgado, limpio de grasas, puede incluirse en la dieta. Nada debe prepararse de otra manera que no sea cocido en fuego lento, dejando destilar la sangre cruda de los animales que tampoco os conviene. La carne así tratada podéis llamarla mas disecada que cocida. Utilizadla en los panes cortada en trozos delgados, o bien incluida en la elaboración de los panes, si así os parece más apetecible. Es posible que en estos momentos penséis que será imposible que lleguéis a comer de esta manera. Aunque cuando confrontéis problemas y las emergencias que ya se están manifestando estaréis felices de haber entrenado vuestro paladar. Entonces necesitaréis tener suficiente producción de múltiples panes, para que nadie del grupo sufra hambre.

La leche natural de todos los animales es saludable si se somete a un proceso purificador como el hervido por quince minutos, y el desengrase de la gordura cuando se haya enfriado. Para simplificar el acopio se aconseja utilizar leche evaporada y desgrasada. Así será posible utilizarla en la composición de vuestros panes para hacerlos más suaves y alimenticios. Los aceites los podéis utilizar sólo si provienen de un origen vegetal. Con ellos podéis aderezar vuestras verduras y panes. Beber agua destilada pura, es el dogma primero de la buena salud y té sin azúcares. Olvidaos de los cafés con o sin cafeínas, no son necesarios y perjudican los riñones y la presión sanguínea.

Capítulo aparte para los Alcoholes: La ínfima necesidad de ellos se suple en el azúcar natural. No se necesita más que eso, además su consumo daña la salud física y mental. Su uso será desterrado de la faz del planeta, lo mismo que el cigarrillo, los cigarros, los alucinógeno, los ácidos narcóticos, las drogas de estímulo y los calmantes nerviosos. Los nervios serán tratados por otros medios y no con drogas, pero de este tópico hablaremos en otra publicación.

Entonces resumiendo: No otras bebidas que las básicas como el agua, las leches descremadas, y mejor aún si vienen procesadas en polvo o con el té. Nada más es necesario, creedme aunque les cueste y deban generar una nueva dieta para deshaceros de los vicios que habéis acumulado por siglos. Sé que el chocolate es una preocupación para los que gustan de él, pero no será excluido sino procesado en polvo para poder mezclarlo con diversos productos alimenticios diluido en leche o agua como otra bebida más, y en galletas o panes especialmente para los niños. olvidaos de las pastelerías y las cremas, que no sean las que podéis utilizar con los elementos que os recomiendo. Dejé los huevos al final para tratar su consumo por separado.

Huevos: Importante alimento, pero también con alto peligro para la salud. Procesados hasta convertir en inocua la grasa que contienen, y limitando el consumo a uno o dos por semana pueden ser beneficiosos en la alimentación. Cada vez que los coman recuerden que dos huevos fritos están dando al organismo años de vejez. No pretendáis que vuestro cerebro se mantenga joven y que vuestras venas y arterias sean flexibles. Exagerando las grasas acortaréis vuestro término de vida útil y feliz.

El mejor momento para iniciar la conversión a la dieta es cuando os sentís realmente disgustados con vuestro estado general de salud, energía, o cuando tenéis sobrepeso o estáis considerado obeso. Si esperáis hasta esos momentos para variar vuestra dieta, la mejoría no será inmediata pero ganaréis energías, y os sentiréis mas ágiles y con la mente más despierta. Haced la prueba y comprobaréis que aunque no esperéis mucho de vuestro físico comenzaréis a experimentar lo que os digo. Volviendo a nuestras indicaciones para la Nueva Cocina ésta no será necesaria en el habitáculo, porque su actividad se integrará a la casa o al lugar que habiten.

Por orden de prioridad los alimentos son: Vegetales, frutas, animales pequeños, leches, aves, pescados, granos, aceites, té, huevos- entre los granos: cebada, maíz, arroz, siempre en el orden de las harinas que permitan elaborar panes con vitaminas. Sal en muy poca cantidad podrá considerarse necesaria en la dieta, pero siempre como un aderezo saludable y no excesivo. Si hablamos de suprimir un sesenta por ciento del consumo en la sal y el azúcar estaremos protegiendo el cuerpo de enfermedades del riñón, la diabetes y la hipertensión. En circunstancias especiales de salud ambos condimentos deberán omitirse por completo sin perjuicio, especialmente si hay condición cardiaca. Recordad que los pescados deberán elaborarse al horno o asados sin grasas de ninguna clase o secarlos para hacer las harinas. La adopción de los panes se generalizará con el tiempo por ser la forma de comida mejor, más nutritiva y menos costosa. La misma podrá industrializarse para que las comidas se compren prácticamente elaboradas, balanceadas, e integradas a una dieta que salvaguardará la salud de todos por igual.

Al comienzo de los cambios, será factible y económico cultivar y obtener todos lo necesario por vosotros mismos.

Entonces veréis cuan sencilla puede resultar la vida para el grupo o para la familia. Ensayos son los que vienen ahora, antes de que se adopten definitivamente y bajo la presión de la necesidad. Algunos comenzarán el cambio radicalmente, pero otros avanzarán y regresarán varias veces antes de tomar el derrotero final. Esta situación será natural y no deberéis alarmaos siempre que se practique con suficiente tiempo. Debéis ser pacientes y tolerantes, y como os dije no debéis imponeros. Simplemente utilizad lo que sabéis y propagadlo para el bien de todos.

No pienso que es necesario que yo amplíe mucho más, lo que importa ahora, es comenzar a ensayar. No pretendo dar un libro de cocina porque los mecanismos se aplicarán indistintamente para cualquier producto mencionado, y los métodos no diferirán en nada unos de los otros. Sabiendo preparar el pescado sabéis elaborar las carnes y las verduras. Ya sabéis que los granos deberán ser molidos y la preocupación por el arroz no debe existir, no nos interesa su inclusión en la dieta pero podrá ser reducido a polvo para ser incluido en los panes. Si deseáis comerlo hervido deberéis saber que es muy poco el beneficio alimenticio que recibiréis de él.

No olvidéis las frutas y no oséis jamás hervirlas, hornearlas o comerlas en latas o en cualquier otra conserva, porque perderéis lo mejor de ellas y solo consumiréis un alto grado de azúcar. Cuanto se ha dicho que la dieta puede ser cambiada radicalmente si la ciencia médica lo recomienda al enfermo, así se hará. Recordad que los técnicos y los científicos trabajarán juntos, y que el objetivo de ambos será proporcionar al enfermo una vida mas larga y feliz. Los consejos aquí dados son sólo para aquellos que gozan de una estabilidad saludable en el físico. No olvidéis que nunca comeréis las vísceras de ningún animal. Y para los que se deleitan con los crustáceos, preciso advertiros su alto poder calóricos y un notable exceso de colesterol. Del mar podéis extraer toda clase de peces, así como algas comestibles de fácil digestión para las que se aplica el mismo método de preparación. Su inclusión en la dieta es muy necesaria especialmente para prevenir las enfermedades como la artritis y las afecciones de la tiroides. Los panes serán una magnifica solución para quienes no sean capaces de aceptar las algas en sus dietas.

La Respiración

La respiración constituye el vehículo depurativo y dignificante de la sanidad y la conservación de vuestra especie. Es necesario que sepáis darle a ese maravilloso acto automático que os mantiene la vida, la importancia que merece. Debéis establecer un simple hábito dentro de vuestros días para que la respiración cuente con la misma importancia que le dais a lavaros la cara o los dientes cuando os levantáis. Oxigenaos por la mañana con una serie de ejercicios respiratorios básicos y comenzaréis a sentir la incomodidad de penetrar en vuestro organismo el aire viciado de la ciudad. Entonces rechazaréis la aglomeración en que habéis vivido, y buscaréis soluciones para crear un nuevo orden que respete el reparto del ser humano sobre el globo terráqueo.

Cambios Fisiológicos

Paralelamente al desarrollo de los cuatro sentidos adicionales vendrá el desarrollo de ciertas condiciones físicas que tendrán que ver con la existencia del ser humano de mañana. Es decir, que su estatura física posiblemente disminuya después de cinco o seis generaciones más, su cabeza crecerá un poco y sus ojos serán también más grandes. Estas condiciones serán un equilibrio psíquico-biológico que se irá ganando. Mentalmente se ejercitará mucho más que en los días actuales, y sus ojos comprenderán un ángulo de visión mayor y percibirá los colores de una manera más intensa.

La sensibilidad óptica estará mucho más desarrollada. La actividad física será más limitada, un efecto normal porque ya que la ciencia y la técnica cubrirán parte de la acción progresiva que necesitará el cuerpo que poseéis actualmente. El ser humano utilizará menos calorías y comerá mucho menos, pero más sabiamente. Cuanto menos coma y más sintética pero mejor balanceada sea su comida, mejor también será su desarrollo intelectual y físico.

Evolución Sicológica-Espiritual

Dijimos que el primer paso para la preparación de la supervivencia es preciso agrupar o interrelacionar seres que tengan afinidad de carácter y respeto por los dones espirituales. Las personas con diversas habilidades y conocimientos serán necesarias con el objeto de estar organizados en la mente y en los hechos, cuando debáis responsabilizaros por toda la evolución que espera al planeta y a la raza humana. Por su preservación es que estamos en esta labor y por la misma razón, es que tratamos de emitir nuestras informaciones a distintos niveles de consciencias y en todos los sectores sociales. Cuando se os habla de niveles sociales lo hacemos porque deseamos que entendáis bien, que no sólo se despierte a quienes poseen desarrollo intelectual y científico. También se alerta a los que aún sin intelecto serán necesarios en el porvenir. Ellos secundarán la labor y los frutos de los más capaces.

Tratamos de que comprendáis que lo más importante es la difusión, y que no importa tanto vuestro criterio de quienes son o no capaces. Dejad esto ya os lo dijimos para quienes pueden dar la opinión mas acertada. Vosotros remitíos sólo a la misión que se os encomienda y cumplid con lo que de vosotros se espera. Nadie es demasiado pequeño o miserable para que no desee superarse. Un gusano tiene su función específica en su escala de evolución. Por lo que a nadie desechéis. Dejad caer la semilla del árbol y esperad sus frutos. Esa es vuestra misión, pero no penséis que porque sois un jardinero solo sembraréis perfecciones. Los árboles van a superar muchos azares y tormentas antes que vosotros veáis sus frutos. Algunos se perderán, pero la alegría del fruto logrado superará a la pena del perdido. Con este sentir en vuestros corazones debéis seguir agrupando a vuestros amigos y familiares de hoy, que pueden componer los grupos del futuro. Luego poneos a pensar y a elaborar por el bien de la Tierra Nueva, y todo tal vez resulte mucho más sencillo y claro de lo que os parece en estos momentos.

El primer control es lograr perfecto equilibrio de vuestro propio ser interior. Si no podéis hacer obedecer a vuestro ser auténtico y único. ¿Cómo pretendéis llegar a los demás? ¿Quien escuchará vuestra voz si no habláis con mansedumbre y bondad? Nadie que se encuentre en el uso normal de sus facultades mentales rechazará lo que se brinda mansa y dulcemente. Tratad de comprender que vuestro cambio es más fundamental que el de los que os sigan, porque muchas veces vuestras palabras serán las primeras que oigan el descreído, el perdido, el enfermo o el pobre de espíritu. Las primeras palabras son las que no se olvidan cuando llegan como una puerta que se abre al paisaje perfecto y nos muestra la belleza pura y sin sombras. Hasta el hueco frió y hostil del corazón de quien cree sólo en lo que ve y toca de sí mismos, se llenará de luz cuando pronuncies las palabras de una verdad que será irrefutable ante los acontecimientos que viviréis.

¿Comprendéis cuán miserable y triste debe sentirse el que piensa que al morir, muere su carne, su obra, su esperanza, su amor y a quienes ama? Comprended y sabed perdonar a los que sólo pueden ofrecer desesperanza y dolor porque no pueden encontrar el camino que los lleva a su ser verdadero. Comparad vuestra riqueza con la miseria de los que piensan con horror, que el oro que acumularon ya no les dará satisfacción alguna porque su posesión termina con la muerte. Comprended y sed pacientes, asistid sin desesperar. Leed estas palabras a todos los que duden o no entiendan. Ellas fundamentan la base sicológica de vuestra actitud presente y futura, sino tenéis este alimento constante os debilitaréis en vuestra labor. Comprended que los caminos no son fáciles, pero tampoco infranqueables. Ya se están abriendo para algunos, y el mundo irremediablemente tendrá que ir al encuentro de vuestra verdad porque es la de todos.

Los cambios han empezado en la Tierra y todos sus habitantes los sufrirán. Ya no será tan difícil que vuestra voz sea oída y mientras tanto se aumentarán vuestras sensibilidades, con las facetas que serán precisas en la supervivencia del planeta durante su tránsito a la Cuarta Dimensión. Os parecerá que ese día tal vez no llegue, aunque se está produciendo tan cerca de vosotros que podríais decir sin equivocaros, que ya se está interpenetrando con vuestro planeta. Seguid adelante con vuestras prácticas, seguid afinando esos futuros sentidos que sólo necesitan ser descubiertos para empezar a funcionar. Cuando pase el tiempo de los cambios, vivir dejará de ser la tremenda tragedia que envuelve a tantos en el desastre.

Preparación para los Niños del Futuro

Comprended que actualmente estáis entrando en un pequeño campo de entrenamiento del que demoraréis varias generaciones en salir, antes de alcanzar todo lo que os preanuncio. Sólo deseo que comprendáis mejor el porqué de estos cambios que confrontaréis y sus razones. Imaginad la vida de todos vosotros dentro de veinte o treinta años en la medida de vuestro tiempo después de superar los cambios. Entenderéis mejor lo que esté ocurriendo, aunque los niños del futuro os parezcan entonces irreconocibles. Ellos actuarán, sentirán y evolucionarán de una manera tan rápida que os parecerá casi anormal. En cierta forma aunque el planeta será el mismo, la Tierra y sus habitantes habrán dejado de ser los mismos. Esto es importante que lo recuerden los que van a dedicarse al cuidado de los niños. Recordad que os mencioné que existirán quienes tengan por misión entrenar a los niños en sus facultades extras y alertarlos además de instruirlos intelectualmente. Mucho se deberá hacer por ellos, especialmente por quienes perdieron sus padres y familiares durante los cambios. Deberéis comprender cuán seria será vuestra responsabilidad por quienes formarán parte fundamental en la construcción del Mundo Nuevo. Desde ahora se debe trabajar en un plan para cobijar, amparar, educar y despertar a estos niños. Prepararse para ese futuro no será tarea de improvisar, sino un acabado planteo de personas especializadas. Desde ahora se deben poner a marchar los programas que modifiquen la educación infantil. Hoy ya ha sido desviada y descuidada a tal extremo que podríamos llamarla inútil en cuanto a la integración del niño en la vida de su comunidad. La individualidad en sus proyectos, tareas y competencias que se les fomenta actualmente, será nociva para el desarrollo y la adaptación del futuro que les tocará vivir. Los educadores están imposibilitados para mejorar los programas educativos. Los gobiernos prefieren cortar fondos para la educación y desviarlos hacia la expansión del poder guerrero. El niño deberá integrarse al grupo con una enseñanza de amplitud y cooperación. No deben trabajar solos, deben aprender a comunicarse con sus compañeros exponiendo todas sus ideas, dudas y desacuerdos entre ellos. Ellos sentirán satisfacción de que sus responsabilidades y juegos sean compartidos, y aprenderán jugando, pero convivirán con el grupo asumiendo sus pequeñas responsabilidades. Deberán aprender que sus actos traen siempre consecuencias, no sólo para ellos, sino también para todos los seres que los rodean y para el planeta en general. Entonces despertarán a la importancia de sus vidas, y ocurrirá lo mismo con los adolescentes que se asimilen al grupo. Ellos deberán penetrar en la comprensión de que son responsables de todo lo que sucede en todos los países y en el planeta Tierra. Un ajuste necesario que cambiará sus vidas y sus consciencias frente a esa responsabilidad. De lo contrario sin que ellos comprendan a nivel consciente estarán trabajando en un grupo de intenciones y acciones, que unidas formarán un vértice energético que puede absorberlos y ser constructivo o destructivo. Claro que por ahora para ellos y vosotros es el camino del entrenamiento, la labor, la concentración y la investigación a la que estáis dedicados y que deberéis continuar por largo tiempo. Un día llegará en que todo será absolutamente claro, vívido como el sol que se lleva las tinieblas y revela al paisaje a vuestros ojos en todas sus tonalidades. El camino por recorrer se habrá abierto ya sin interrupciones. Los escollos, las rocas y vuestras caídas no sucederán más porque la luz se habrá hecho. Los nexos entre los distintas países serán totalmente científicos y técnicos destinados al bien común. Todas las organizaciones funcionarán bajo un mismo nivel de consciencia, y la comunicación será sin interferencias ni egoísmos. El habitante de la Tierra Nueva ya no producirá reacciones negativas porque estará demostrado que ellas dan como resultado su propia desgracia.

El ser humano malo o bueno simplemente crea las necesidades de las malas influencias. Por ejemplo: Un conde en épocas atrás poseía tierras, riquezas, dominios, poder, dinero y cometía atroces injusticias y a veces crímenes insensatos. ¿Qué engendraba a su alrededor? Rencores, odios, envidias, codicias, deseos de crímenes y venganza, que estaba latente en cada uno de los actos de quienes habían sufrido sus atropellos. Aún cuando aparentemente aceptaran los mandatos del Señor Poderoso, la proyección del conde iba levantando su propio ajusticiamiento que llegaría tarde o temprano, inexorablemente, pero llegaría porque era tanto el odio sembrado que tarde o temprano iba a dar sus frutos. Los únicos que eludían esa ley eran los mansos y los piadosos, que aceptando sus dolores se negaban a reflejarlos en odios, porque deseaban y podían estar por encima de ese sentimiento. El ser humano no elude el odio hasta que se realiza en los altos planos de la evolución, que por sí solos llegarán a destruir la maldad.

Por esto cuando se os dice que habrá paz, y que los seres humanos se amarán unos al otros hay quienes reaccionan con una mirada de incredulidad. Los que así pensáis no conocéis el poder de los seres evolucionados. Ellos anularán las energías destructivas y veréis nacer un Mundo Nuevo. No estamos en la línea de la prédica religiosa ni mucho menos. Estamos en bases científicas que pueden ser probadas en vuestra sociedad sencillamente realizando investigaciones. Lo importante es reunir la fuerza y las mentes alimentadas por los bienes del amor que pondrán en marcha el Primer Sistema Experimental del Mundo del Futuro.

Creemos que hasta las fuentes gubernamentales futuras estarán interesadas en apoyar el sistema Experimental porque con ello encontrarán soluciones que necesitan desesperadamente, y que nadie hasta ahora ha estado en condiciones de ofrecer. Se experimenta en muchos campos de la ciencia en busca de soluciones para alargar la vida humana y hacerla más confortable, pero no se experimentan sistemas sociológicos y sicológicos que deberán elaborarse para mejorar las condiciones que deba afrontar el mundo del futuro. Es cierto que la ciencia y la técnica aportarán grandes soluciones y sus experiencias deben ser propiciadas siempre, pero necesitáis un campo experimental de la Sociedad Futura y ha allegado la hora de ponerlo a marchar. No creemos que seamos los únicos poseedores de la verdad en este planeta. Ella no tiene dueños, y es una revelación que se sucede como el día y la noche, las estaciones, la vida y la muerte y no puede ser cambiada desde la Tercera Dimensión. Simplemente entendemos la verdad porque está clara ante nuestros ojos, la sentimos como una intensa felicidad y la denominamos así porque vosotros no conocéis otro término que explique mejor la experiencia de esta revelación.

Lo primero que experimenta un ser que descubre la verdad es mansedumbre, tiene una sonrisa tan dulce que ilumina su rostro como el de un niño, que se estruja en el regazo de su madre y se deleita con ello. Esta es la primera revelación: ternura y mansedumbre ambas en un estado de gracia indescriptible. Segundo: necesidad de comunicación con otros seres con el deseo de compartir el mismo "milagro". Ante estos seres nadie que esté en sus cabales puede reaccionar, sus emanaciones son tan positivas y bondadosas que sólo inspiran amor y paz. Seres ya en ese plano de evolución deberán comenzar a planear la Estación Experimental del Mundo del Futuro. En ella se crearán las condiciones para desarrollar los individuos que surgirán transformados después de los cambios. Mientras tanto la ciencia hará su progreso para alcanzar el conocimiento y la paz. Pensad que se han creado estaciones experimentales para programar y preparar los futuros viajes interplanetarios. Posiblemente debido a la gravedad que sufren las necesidades actuales del mundo, os parecerá absurdo pensar en las estaciones experimentales del mundo futuro. Sin embargo, este experimento y los grupos que se habrán creado serán los que mejorarán el futuro del planeta. Los gobiernos actuales no se preocuparán por las amenazas que van a cernirse sobre vuestro habitáculo. Todos preparan sus mortíferos armamentos para defenderse del resto del mundo que son sus enemigos, y esto sería un holocausto final para el planeta y sus habitantes.

La Libertad del Ser Humano

Fantástico parece lo que os aguarda e incomprensible. Sin embargo, vuestro planeta puede ser salvado si después de los cambios se eleva a la Cuarta Dimensión. Fijaos bien que nada extrañaréis porque estaréis firmemente entrenados y evolucionados lo suficiente como engranajes de esa nueva experiencia. Estaréis muy por encima de los cánones rígidos que hoy os embarcan en los esquemas que llamáis "civilización". Fijaos bien, no se está hablando de la ciencia y la técnica se debe insistir en esta aclaración. Estamos refiriéndonos a las nimiedades que esclavizan al ser humano para convertirlo en un autómata incapaz de saber lo que significa ser auténtico y ser feliz.

¿Cuál es la libertad de que goza el ser humano medio de hoy?

No nos referimos a las libertades en lo "físico". Libertad: si analizáis correctamente esta palabra de inmenso continente y no lo hacéis en una parte ínfima de su expresión, comprobaréis que jamás gozasteis de ella.

Se educa al niño en un esquema que se supone responde a las inquietudes, capacidades y aptitudes de todos por igual. Base funestamente errónea. Un esquema no puede servir a todos los seres humanos. Antes de tener maestros el niño necesita psicólogos, médicos y biólogos que lo estudien y determinen las características personales, que lo harán factible de capacitar o incapacitar para actuar dentro de los distintos terrenos científicos, técnicos o cualquiera otra aptitud aprovechable para la sociedad, además de mejorar o perfeccionar todas sus incapacidades o debilidades.

¿Cómo creéis posible que resulte exitoso un sistema educacional básico para todos? Debe haber pérdidas enormes en él y las hay. Es un tremendo desorden, una convulsión, un terrible choque entre los que no pueden ajustarse. Y como siempre, las medidas para remediar el error llegarán demasiado tarde y el daño será tal vez irremediable. El niño ya habrá sido lastimado por ser distinto, incapaz o enfermo. En la actualidad después de invertir millones de horas inútiles de trabajo que pudieron tener mejor destino, se decide evaluar la capacidad, la psiquis y la salud del niño. ¡Una aberración incalificable! Dad al niño la escuela que necesita su desarrollo y veréis crecer seres sanos, fuertes, y capaces, cada uno en su especialidad. Hoy todavía preparáis seres frustrados de los niños inadaptados a los regímenes educacionales. Poned a marchar un plan experimental en la Educación. Comenzad a evaluar al niño cuando tiene un año y veréis que a los seis ya sabéis lo que es posible esperar de él y lo que podéis corregir. Así tendréis una juventud más sana y mucho menos frustrada. ¿Cuántos de los jóvenes de hoy se refugian en el vicio porque no encuentran el lugar al que pertenecen? Millones, podéis decir sin equivocaros. Por ello, la primera parte de la libertad, que no estáis respetando es la autenticidad del ser, que puede caber justo dentro de cierto tipo de enseñanza que asegure un ser feliz. Si no procedéis así él pierde desde muy temprano su primer e inalienable derecho: La libertad de conservar ciertos típicos aspectos de su "ser" innato e intacto. Aquello que traen al mundo y que no han sido aún moldeados o elaborados. Descubrirlos es parte de su derecho a la autenticidad. No uniforméis al niño, respetad su individualidad vocacional y produciréis mejores seres humanos.

Contemplad con detenimiento a la naturaleza en busca de muchas de las respuestas que no atinaréis ni siquiera a imaginar como solución para los problemas que aquejan a la sociedad actual. Si comprendéis inteligentemente lo que ella os está enseñando, comenzaréis por reformar integralmente la organización de vuestros pueblos, ciudades, y grandes centros conglomerados. La naturaleza os está sugiriendo que no es posible encimar o aglutinar en demasía a las especies.

¿Dónde encontraréis en el reino vegetal o animal altas concentraciones que agoten y dificulten el normal desarrollo de las especies? Sólo los seres humanos han optado por ese excesivo aglutinamiento de las grandes ciudades. Pequeños conglomerados serán respuesta para el saneamiento de la especie humana. Aire, sol, y tierra suficiente rodeando ese conglomerado los harán autosuficientes. Sólo los centros científicos, sanitarios y de estudios, estarán reunidos en los radios centrales de acción de esas comunidades, de tal manera de hacer converger la vida estudiantil, científica y de control sanitario en un solo punto. Estoy refiriéndome a un hecho para el futuro, pero cuyo desarrollo debe comenzarse en la actualidad con miras a modificar y sanear los problemas que están aquejando a las ciudades superpobladas. La impureza del aire que respiráis es causal de innumerables desequilibrios que no comprendéis cuánto os perjudican; y contaminan vuestros pulmones influyendo en la sanidad física y mental. Vosotros no dais atención suficiente a la intoxicación ambiental, aunque deteriora el comportamiento humano. Deberéis aseverar que quien respira impurezas envenena su sangre y sus sentidos y si además utilizáis la nicotina, el alcohol o las drogas, estáis dando paso a un animal muy lejano de la especie humana. Esto seres que no califican en la especie netamente humana ni animal, pertenecen a la escala que deberá cambiar o desaparecer antes de iniciarse el gran cambio.

Limites

Continuando con la observación de la naturaleza y una vez comprendido que deberéis controlar la mejor distribución de la humanidad sobre el globo terrestre, observad cuan sabiamente se reproducen las especies animales y vegetales, para que exista un perfecto balance y proteger su supervivencia. La naturaleza rige una correcta distribución de los millones de semillas que se diseminan en un bosque para facilitar su fecundación. Una especie y el bosque sobrevivirán si existe la cantidad y el medio correcto. Lo mismo ocurre con los animales y ellos no poseen otros controles de la natalidad que el balance natural, y el mismo se produce inexorablemente. El ser humano, con muchas mas posibilidades científicas a su alcance, aún considera que el derecho individual está por encima del derecho común. Por lo tanto en una familia donde debería existir sólo un descendiente o tal vez ninguno, por importantes razones genéticas, sicológicas, ambientales, de alimentación, educación, etc.; nos encontramos con varios descendientes sin posibilidades de una supervivencia normal. Tal vez esta ignorancia continuará trayendo al mundo a otros seres que multiplicarán los problemas de las familias, sociedades, grupos o comunidades. El saneamiento primero y el planeamiento después, con la consiguiente preocupación común por el ser que deberá integrarse a la sociedad, asegurarán una mejor y más disciplinada procreación. Ubicad la consciencia humana sobre la Tierra, y permitidle que se desarrolle en un medio menos hostil y más equitativo. Para ello es preciso tener tanta consciencia como un árbol, una flor, un pájaro o un animal cualquiera que cuida su medio ambiente y del equilibrio de su especie. Si continuáis errando en las condiciones en que deberán desarrollarse vuestros descendientes, las sociedades futuras no podrán aspirar a un destino que sea digno ni a sobrevivirlo.

CAPITULO NUEVE

Evolución del Grupo, Erradicando el Hambre, Abrazando la Paz

Pregunta: ¿Que es un grupo?

Respuesta: Un grupo es la reunión de varias personas que comparten un sentimiento que los une con respeto y amor entre ellos. Es un lazo que brota de vuestra propia esencia, es la realidad de la unidad y la fusión de todos con el todo. Por lo tanto, comprobamos que podemos constituir un grupo con familiares, amigos, o desconocidos siempre que estemos unidos más allá de la carne. Nuestro derrotero es cooperar para mejorar vuestro planeta Tierra y la supervivencia de sus habitantes.

Se puede establecer la formación de un concepto válido para el futuro y también para el presente, siempre que un grupo esté en manos de individuos evolucionados como para poder comenzar a llevar a la práctica ciertas condiciones pertinentes a la supervivencia. Me refiero a quienes puedan elaborar sin perjuicio lo que esta escuela del futuro les enseña. Las casas que albergan hoy las familias son núcleos plausibles si contamos con una organización que permita la existencia de la misma como debe ser. Sin embargo, las exigencias de la vida moderna han ido manteniendo débilmente a ese núcleo. Las necesidades materiales son consideradas como aspectos separados o parciales del género humano. Así nos encontramos con niños que tienen una casa que se llama "hogar", pero en la que no encuentran "amor" ni la necesaria atención para que el mismo se justifique como tal. Amor y hogar son dos palabras que sino van juntas no significan nada. No hay hogar con ausencias, desentendimiento humano, incomunicación y frialdad. En un hogar es posible que falte confort, muebles importantes, piezas artísticas muy valiosas, u otros valores estéticos, pero no existe un hogar con todo ello, pero sin amor, ternura, consideración, respeto y calor humano. No es hogar el lugar donde se reúnen algunos miembros de una misma familia para encerrarse en sus propios mundos viendo televisión o intercambiando comunicación con desconocidos en una computadora. Estas o cualquier otras actividades que incomuniquen a estos seres destruirán los vínculos de una familia. Yo sé que lo que os estoy diciendo hoy no es nada nuevo. Vosotros lo sabéis antes que el cura, el párroco, el maestro, el sicólogo, el pediatra, o el siquiatra os los hayan expuesto. No ignoráis que el problema está dentro de vuestro ser íntimo, pero no habéis tratado de comunicaros con él, vuestra pareja o hijos. Vuestro gran mal, es esa incomunicación que sigue y os persigue, desde la niñez hasta la vejez y para la que aún no podéis encontrar remedio alguno. Como os dije, habéis evolucionado a pasos agigantados en algunas circunstancias de vuestra vida moderna, pero en otros aspectos habéis utilizado sólo paliativos. Esa es la razón por la que hoy tenéis más problemas que soluciones y necesitáis un análisis objetivo.

Los Padres, los Niños, y los Ancianos del Futuro

Respondiendo a la presión de ciertas creencias religiosas, o si los atavismos sociales son fuertes, una pareja se casa. Esta decisión se hace porque muchas sociedades obedecen a los "estatus" hereditarios, los apellidos poderosos y la responsabilidad que se afronta sólo cuando existe la fuerza de la ley. Constituida ya la pareja en forma legal o no, la convivencia debería simbolizar la fundación de una célula de la unidad familiar.

¿Os atreveríais a poner en manos de estos dos seres la responsabilidad de nuevas vidas, que vinieran al mundo contando con el amor y la responsabilidad de quienes asumirán el título de Padres?

El Amor debe estar firmemente fundado por seres afines espiritualmente. Primero sobre todo deberán ser amigos, compartir momentos de solaz o de dolor, y luego conocer sus tendencias creadas y naturales. Una vez establecida la relación básica, entonces la pareja deberá descubrir cuales son sus disfrutes de la vida, si aman la lectura, la ciencia, la música, la danza, y sus reacciones según las circunstancias. Cuando la pareja haya contestado todos estos interrogantes deberán también compartir cierto tiempo de vida en común. Si son afines y pueden reconocer el Amor verdadero del entusiasmo pasajero y si son tolerantes el uno con el otro, preservando el respeto mutuo, entonces es posible que constituyan un hogar. Un hogar en el que un hijo o hija sea feliz siempre que ambos tengan una concepción distinta de lo que la mayoría llaman actualmente hogar.

En muchos hogares de vuestra civilización, los niños despiertan después de soñar con historias de la televisión, se lavan las caras y los dientes y se visten aprisa para ir a la escuela. Toman el desayuno mientras papá y mamá discuten si pagaron o no una cuenta, si trabajarán horas extras, y a veces comentando el último asalto o crimen. Mientras la tensión comienza a cernirse sobre la mesa del desayuno, los niños salen para el auto de la madre o el padre, que los dejarán en la escuela o en la parada del ómnibus que los irán a buscar. Desde esa temprana hora hasta mucho después que los niños regresen de la escuela, la familia estará separada, o se comunicará por teléfono, sólo si alguno de ellos tuviera una emergencia o necesidad.

Naturalmente cuando los niños regresan de la escuela, el televisor es una compañía para ellos. Les dicen permanentemente de las ruindades de los crímenes, las drogas, las guerras, y les cuentan historias de los "héroes" que resuelven los problemas "matando a los malos". Entonces llega mamá, corre a la cocina, trabaja febrilmente y luego llega papá y se sientan a comer porque es tarde. Papá habla de su jefe que lo pone tan nervioso, de sus subalternos que desean quitarle su puesto y mamá comenta el vestido nuevo de una compañera de oficina o el nuevo automóvil que le regaló el esposo a su mejor amiga.

Después ya es tan tarde y "como los niños deben ir a la cama temprano", los niños que tienen "hogar" se van a la cama, posiblemente imaginando lo que le hubieran gustado hablar con su papá y mamá si no estuvieran tan cansados y apurados como ocurre siempre. Este es el HOGAR que formaron aquellos dos jóvenes que un día se encontraron y se atrajeron vivamente. Posiblemente este simulacro maltrecho y aburrido terminará un día en divorcio y los niños tendrán entonces más angustias que elaborar. Entonces, aparte de su amiga "la televisión" encontrarán tal vez un "buen" amigo que a los once años le diga: "Sino fumas no te miraré mas a la cara porque eres un cobarde". Y esos niños fumarán o tomarán alcohol y harán cualquier cosa antes de perder el aprecio de sus "únicos grandes amigos".

No creáis que haya dramatizado una novela, vosotros sabéis bien que no he relatado nada más que una verdad que tiene situaciones más dramáticas y más tragedias de las que yo he querido mostraros. No es posible que sigáis repitiendo estos errores dentro de una sociedad que debe ganar consciencia del destino de la humanidad en la Tierra. Mientras forméis hombres y mujeres como los pobres niños de mi relato será imposible pensar en mejorar vuestra condición humana. ¿Cómo puede un ser encontrarse a sí mismo y cumplir su destino en este mundo, si nace y crece en esta organización?

Fundamentalmente en la sociedad de hoy y del futuro, las pequeñas células familiares no podrán responsabilizarse por sí solos por el desarrollo y la guía de un nuevo ser. Esta deberá ser la labor de un grupo, de amigos y familiares que colaborarán unidos para que nunca los niños se sientas solos. Padre y Madre es la constitución básica protectora del fruto del amor. De ellos debe emanar el primer amor hacia el hijo o hija y entonces la piedra filosofal estará firme debajo del verdadero hogar. En el futuro, hogar será el techo que cobija a un grupo con experiencia, conocimiento, laboriosidad, amistad, paz, compresión y amor uniéndolos a todos: padres, niños y a ese grupo de personas conscientes de su misión.

Los niños estarán entonces protegidos, útilmente ocupados, jugarán y estudiarán felices y con tantos amores verdaderos que los cuidarán como un ramo de flores silvestres. Ellos sentirán que el mundo los aman y podrán amar fácilmente, y amarse a sí mismos en sus actitudes, sus labores y su propia estima. El hogar será el huerto, el jardín, los conejitos, los pollitos que vio nacer, las sonrisas de los ancianos que les muestran la labor de la abeja y les explican como el gusano se convierte en mariposa. El caso de la pareja que ha empezado por conocerse primero en el ser verdadero constituirá el amor que perdura. El amor que se ve por dentro primero y después se descubre que tiene rostro y un cuerpo que le brinda placer. Al conocerse en esta forma una pareja puede experimentar el amor en todos los caminos de vuestro plano. Si vosotros tuviérais un mayor porcentaje de estas uniones en el mundo, habría más seres con grandes dotes espirituales. Esta será la consciencia del amor que no necesitará documentos que confirmen esa unión porque sus vibraciones serán ya una sola.

Para que comprendáis cuán importante es la reparación familiar, señalaré un hecho que tampoco es nuevo, pero que concierne a todas las consciencias.

¿En que se convierten un hombre o una mujer ancianos?

Sencillamente son estorbos que todo el mundo evita, tanto sean los hijos, nueras, yernos, u otros familiares. Esta es otra de las increíbles anormalidades que no se reconcilian con ninguna especie animal. El ser humano desconoce la piedad para los seres que han sido sus antecesores, y que de una manera u otra, mejor o peor, han realizado en todo o en parte, el esfuerzo de componer una familia. Algunos con los muchos o pocos conocimientos que ellos poseyeron para la realización de sus existencias.

Al perder las energías juveniles los mayores comienzan a sentirse desamparados y mal queridos. Claro que un hombre o una mujer de setenta años, no puede compartir el ritmo de una pareja de treinta. Sin embargo, podrían ser muy valiosos para una composición social en la que tuvieran ciertas actividades útiles. Los ancianos del futuro más que estorbos serán una ayuda y sus vidas útiles se extenderán mucho más tiempo y con actividad mental y física, evitando el desgaste prematuro de sus cuerpos y cerebros. Ellos serán parte de esas células bien llamadas "hogares del futuro" como importantes fuentes de abastecimiento físico, intelectual y espiritual. ¡Cuanta energía vital se desperdicia hoy en ese descarte inhumano que pretenciosamente hace la sociedad, creyendo que así resuelve mejor sus problemas! Claro que se debe saber que la vejez no significa autoridad ni derechos especiales. La vejez es un estado natural al que se llega inexorablemente, pero que no obliga a nadie a prebendas especiales en la consideración del grupo o de la familia. Nadie negará que las vidas de los niños serán más completas cuando tengan a su lado a sus padres y a varias personas más que llenarán sus vidas y desarrollos. El anciano no será bienvenido en la familia ni en el hogar de hoy, pero en el futuro jóvenes y viejos se asimilarán positivamente sin ocasionarse problemas y disfrutando del amor que hoy es un falta absurda en la vida del anciano y del niño.

La Familia

Cuando nace un niño el primer paso es registrar el lugar y país de nacimiento, hora y fecha, nombre de sus padres y los datos primarios de su salud. Hoy, las huellas dactilares y las impresiones de los pies del niño son identificaciones importantes, pero lo es mucho más la data de su sangre y las ondas de su cerebro que deberán quedar en su historia. Luego viene la identidad social que se le entrega con el apellido de padre y madre. Para evitar el caso de apellidos repetidos, también se le dará una codificación algebraica computarizada. Solamente así existirá la absoluta individualidad. Lógicamente que nada privará a los padres o a los hijos darle o darse los nombres que más les plazcan. Si el niño nació en un grupo será virtualmente hijo de sus padres y del grupo con el que convivirán. Esta identificación será muy importante en su futuro. Pensad que las mentes y costumbres prácticas reemplazarán a muchas de las ideas que hoy todavía conserva vuestra sociedad.

El orden y la limpieza asegurarán la buena salud del recién nacido, y su incorporación abrupta a molestias que no conociera antes le dejará fuertes impresiones sicosomáticas que recibió después de nacer. El abrupto entrar a un medio que parece serle hostil desde el principio, y la absurda molestia de algunas necesidades, hambre, frío y calor que no conoció antes comenzarán a molestarle. Este nuevo acondicionamiento necesita de un tiempo de adaptación. En este período, se entregará el bebé a manos de su madre y su padre para permitirles que lo adapten a su nueva forma de vida. Después de un exhaustivo control médico de su salud, el niño seguirá en los brazos de la madre durante dos o tres meses, siempre respetando la opinión médica. Luego ella seguirá en su contacto, pero con algún tiempo donde intervendrá el personal especializado del grupo.

Al año es cuando comienza a aplicarse la labor educadora de quienes comparten las distintas responsabilidades en la formación de este nuevo ser. Ésta es una labor básica para su futuro que deberá contar con todas las posibilidades para su supervivencia, cualquiera sean las condiciones que se produjeran. El niño contará con las atenciones necesarias en lo que a sanitario de la primera infancia se refiere, así como al amor de sus padres, quienes deberán respetar las opiniones del grupo para la elaboración sicofísica del nuevo ser.

Por supuesto que no existirá posesión absoluta del niño. El será hijo de sus padres y del grupo, y el niño recibirá toda la protección y las condiciones necesarias para convertir su existencia en algo completo, feliz y útil. No por menos posesivas, serán menos fuertes las responsabilidades que existirán para los padres del nuevo mundo. Si bien la pareja contará con colaboración y ayuda, pero ellos deberán cooperar no sólo con la crianza y la preparación de sus propios hijos, sino también con los hijos de los demás componentes del grupo.

Los niños tendrán hermanos desde el mismo momento de nacer y ya no pertenecerán sólo a una familia determinada. En el grupo nadie ejercerá presiones dictatoriales ni jugará campañas demagógicas. Tampoco enfrentará jamás a sus hijos como enemigos para defender mezquinos intereses. Se preservará la posesión de cada uno, pero evitando el fanático dominio que establece el partidismo. Esto conduce siempre a guerrillas internas, que aunque no políticas deben ser evitadas. Y para poner a funcionar la Igualdad, la Justicia y la Libertad también los componentes de un grupo podrán abandonarlo o incorporarse a otros medios de vida según sea su elección.

Los que se acerquen y escuchen entenderán la verdad y la harán parte de su vida. Veréis con gran sorpresa que nada debe ser organizado con gran premeditación, porque estará coordinado y sucederá como se espera. Vosotros no enfrentaréis las contingencias de tantas eventualidades fortuitas cuando deis los pasos necesarios para la coordinación final. Por ahora despertar y encaminarse es lo único que podéis pretender con las limitaciones actuales. Sin embargo, nunca olvidéis las previsiones que necesitaréis tomar y no temáis los imposibles. Necesitaréis tener los ojos abiertos a la realidad antes de que comiencen los ciclos evolutivos, aunque nunca olvidéis que los maestros siderales ya han vencido muchos "imposibles".

Volviendo a la integración del niño en el grupo, deberéis esperar cierto tiempo de apertura mental y siembra de conocimientos básicos, antes de comenzar a develar su verdadera entidad aún envuelta en las primeras experiencias de la carne y el letargo de una amnesia piadosa. Más tarde, durante los primeros años procederéis a la revelación lenta, pero siempre segura, de su verdadera entidad. Desde los ocho años el niño comenzará a revelar las distintas facetas de su personalidad sicológica, fisiológica y espiritual. Desde entonces sus maestros podrán conocer sus debilidades y aciertos. Ellos conocerán el tiempo que será necesario para asegurar un éxito absoluto de los votos dados en la vida "intermedia" del niño (o sea entre las encarnaciones), y cumplimentarlas con el desarrollo de sus sentidos y condiciones telepáticas. Poco a poco, mientras crece y se desarrolla se convertirá en un joven que ampliará las posibilidades de su superación en el estudio y en la evolución de su "yo integral".

El ambiente que rodeará al nuevo ser posibilitará este logro, y los actos que él brindará a los hermanos de un Mundo Nuevo. Una vez que la violencia sea finalmente vencida, el joven será un ser desarrollado y comprenderá que él superó la época prehistórica o antediluviana porque no es en nada agresivo. Las agresiones de entonces las explicará por la involución que imperaba en un planeta sin desarrollo y la condición humana brutal. Así también les parecerá a los niños del futuro de absurda la violencia, las pasiones, odios, y las posesiones descontroladas. Algo perteneciente al "pasado", a una era de atraso que debía necesariamente consumar un gran cambio. El niño del Mundo Nuevo será manso, vivirá sin imposiciones, caprichos, ni llantos violentos.

Los centros de salud funcionarán preferentemente en base a la aplicación de la medicina preventiva y reparadora del ADN o de las debilidades médicas de sus progenitores. La curativa en general existirá, pero no será requerida tan frecuentemente como en la actualidad. Contad entonces con un niño sano, controlado por especialistas que protegerán sus adelantos con visitas periódicas a su centro sanitario. Observad las condiciones del grupo para su crianza, para luego integrarlo al método educativo inicial sin que deba asistir a instituciones especializadas. Hasta los doce años, el niño responderá a reexaminaciones periódicas de acuerdo con los programas preparados por mesas especializadas de educadores, que evaluarán también sus vocaciones naturales y las que hayan desarrollado en contacto con los trabajos voluntarios, que el estudiante realizará en los niveles de estudio alcanzados. Vosotros os preguntaréis cómo estudiarán los niños. Si miráis a vuestro alrededor vais a encontrar al maestro ahora mismo en vuestras casas. El televisor y las computadoras que hoy tal vez os parezcan inútiles y obsesivos perturbadores de la interrelación familiar, mañana jugarán un papel activo en la enseñanza, así también como todos los medios sonoros y visuales más refinados conque se contarán en el futuro.

Los grupos también podrán obtener todos los programas educativos adecuados para la intensificación y el perfeccionamiento que sea preciso. La rutina no existirá en el futuro, sino que la ciencia y la técnica expandirán sus nuevos adelantos inmediatamente. Debemos aclarar que existe una buena razón para que los niños estén vinculados a su grupo hasta los doce años. De esa manera al terminar su niñez y entrar en la pubertad ya estarán totalmente identificados con la autenticidad de su grupo. Entonces podrá definir con seguridad y confianza su futuro. Por supuesto que la enseñanza a partir de esa edad se realizará en instituciones especiales, pero jamás requerirán del adolescente mas de cuatro o cinco horas diarias y en períodos de tres meses con intermedios iguales. Durante este tiempo el joven deberá desarrollar otras actividades como por ejemplo: cultura física, cuidado sanitario de su comunidad y conocimiento de la sociología, una ciencia con la que entrará en contacto desde muy joven para comprender la trascendencia de su Era y la importancia del destino de su comunidad. Las ciencias serán enseñadas siempre de una manera práctica, demostrativa y "viva" no por medio del tedioso sistema actual. Las revelaciones de la naturaleza se lograrán por su contacto, y las ciencias cósmicas requerirán tanto entusiasmo como las matemáticas, la física, la química y la técnica en general. Unos doce años de estudios serán necesarios para que el niño se convierta en un ser completamente hábil para servir a sus semejantes. Es decir doce años son los preparatorios y doce años más los que seguirán para la Educación Básica Académica. Naturalmente, algunos desearán ofrecer sus labores al grupo, mientras otros seguirán estudiando en los más altos Centros de Estudio. En una palabra no existirá un límite para el saber y la sabiduría no tendrá final.

Erradicando el Hambre

Cuando pasen los años del ajuste veréis que los desarrollos científicos os asombrarán. La Humanidad ya en preparación hará de la Tierra un vergel y le darán al reino vegetal una supremacía de belleza e importancia por encima del animal. Los animales grandes y voraces irán desapareciendo de la faz del planeta y se conservarán preferentemente los del mar y los que ofrecen riquezas de alimentación. Aunque en el futuro cercano la Humanidad deseará nutrirse sin necesidad de matar animales, sólo llegará a ese control en el término de un cuarto de milenio después del año 2000. Para este tiempo ya nadie creerá que los alimentos básicos son la leche, el pan y la carne. Esta será una paradoja para los que han vivido convencidos que los pueblos más saludables eran los que contaban con esos tres elementos alimenticios. Reinará entonces en el mundo un balance que podrá traer paz y concordia en el planeta. Balance de la necesidad básica por la que no se deberá luchar aguerridamente, porque se entenderá que el derecho de la alimentación nace con el individuo. Muchas barbaries se erradicarán entonces de la tierra y la humanidad cumplirá mejor con su destino. Mirad a vuestro alrededor y veréis con sorpresa que hasta muchos animales han aprendido a aprovechar los derroches generosos de la naturaleza para satisfacer esa primaria necesidad. ¿Cómo aceptar que una humanidad más evolucionada deba someterse a tantas depravaciones físicas y morales para cumplir este fundamento primario de la supervivencia? Solucionar la comida del mundo es un llamado al amor y la razón. Recordad que la primera disputa del ser humano primitivo fue una pelea sangrienta por la presa que calmaría su hambre.

En el año 2250 ya no habrá más tiempo para dilatar la solución final, y será imperativo encontrar la solución. No habrán tantos conquistadores y tantos esclavos el día en que todos los seres humanos pueden usar su ingenio, su inteligencia y su inspiración en algo más que en producir el sustento. No puede ser que mientras algunos comen en bandejas de plata y oro, otros aspiran el polvo de los pies de esos señores para alimentarse. No, no podéis permitir que tal suceda, no podéis dejar que estos vejámenes continúen. Debéis levantar la voz de alerta y exigir a todos los gobiernos del globo terráqueo para que se organicen para la "Marcha para erradicar el Hambre de la Tierra". Un acto que será el primer paso hacia la unión definitiva de la Humanidad. Cuando veáis frente a vosotros el arco iris descompuesto en la luz y sus siete colores, pensad que esa descomposición debe reunirse en una fusión perfecta para alcanzar lo común de su belleza: La Luz.

Fusión

Recordad entonces que los seres humanos deben reunirse con sus siete puntos capitales para poder realizar el milagro de que su planeta ascienda a la Cuarta Dimensión. A saber: Igualdad, Paz, Amor, Sustento, Saber, Labor y Verdad. No habrá solución hasta que no se derriben todas las barreras que no permiten que la Humanidad comparta, disfrute y fructifique dentro de las condiciones básicas de la humanidad. Debe haber Igualdad en las oportunidades y en las condiciones iniciales; Paz, sobre todo dentro de ellos mismos y en su medio de vida, Amor por los pueblos hermanos y sus obras, Sustento para todos por igual y como derecho universal; Amor para su obra constructora; Sabiduría para los que poseen la llama encendida del saber; Trabajo y Realización para todos los que laboren inspirados en el bien común; Verdad, una búsqueda interminable, que evadirá las versiones de un pasado que separó al ser humano con sus egoísmos, odios, religiones y guerras.

Llegaréis a conocer esta fusión si continuáis despertando las consciencias de los que todavía buscan la felicidad creyendo que es el premio merecido por sus intrincadas vidas humanas. Ellos desconocen que es una difícil alquimia lograrla, que no es posesión de nadie ni premio de quienes no sean: Nobles, Justos y Mansos. Nadie que antes no camine por estos caminos podrá tener el esperado encuentro con la esquiva felicidad. Recapacitad y confesad cuantas veces creísteis conocer sus caminos y fracasasteis. Si habláis honestamente de vuestros errores, vosotros que hoy conocéis la Verdad, ayudaréis a desenmascarar el error de los seres humanos que aún viven equivocados. Practicad este método: Relatad vuestras experiencias. Ayudaréis a muchos a develar sus errores, cometidos o por cometer.

Paz

Pregunta: Que es la Paz?

Respuesta: PAZ es el estado de consciencia que alcanzamos cuando estamos en balance y tono con las leyes Universales. La Paz se aplica no sólo a la PAZ íntima del individuo sino a la del planeta Tierra por él mismo.

Con los que se incorporan ahora a la filosofía del futuro se irán levantando los pequeños pero muy importantes estandartes, que formarán la base de la sociedad futura. Para que os sintáis más felices os diré que hay estandartes que se han erigido ya, y bajo cada uno de ellos se cobijan millares de seres que pertenecen al futuro. No seréis los primeros ni seréis los últimos, seréis parte de los muchos que despertaron o despertarán. Yo sé que muchas veces viendo las mezquindades del mundo y la realidad que os rodea, sentís que la duda se prende de vuestros corazones, porque aún no podéis aceptar que pueda existir un Cambio que permita la Armonía, la Paz y el Amor como cabezas de un Reino Mundial.

Máximos Tonos Para Máximos Niveles

Donde el tono esté al mismo nivel es donde pueden plasmarse las mismas vibraciones. Comprended que los niveles son conciertos a un mismo tono de millares de experiencias consumadas en el andar de los milenios. Así como es difícil para vosotros abandonar los niveles de consciencia atados a vuestra realidad material, también es difícil para las entidades de otros niveles y distintas dimensiones, hacer sus manifestaciones en la realidad en que vosotros vivís. Comprended la labor inusitada que debe desarrollarse y veréis que existen limitaciones, que en algunos casos de vuestra realidad se desvanecen porque hay seres, ya se lo hemos advertido, que están en la Tierra con fines definidos pero que no pertenecen realmente a vuestra "realidad" aunque ellos mismos no lo sepan. De aquí que os encontréis con tantos extraordinarios talentos paranormales, como vosotros los llaméis y cuyas experiencias os dejan azorados. Ni ellos mismos saben a veces, que son poseedores de esas facultades, pero la realidad es que ellos sirven como faros de alerta y conducción para los que recién comienzan a ver el nuevo camino. De allí es que se permitan sus apariciones en distintas partes del mundo, y que se trate de dar testimonio de sus facultades. Esta es la única manera de que la ciencia permita la incorporación de esta realidad en su campo, y que se pueda progresar en forma masiva. Tratad de abrir vuestro entendimiento a estas razones y no os azoréis ni pretendáis poseer todas las mismas y sobresalientes condiciones. No todos estáis en el mismo punto, venís del mismo plano ni estáis encargados de la misma misión. Aceptad las dádivas y utilizadlas por el bien y veréis que los destellos de la felicidad lograda os acompañan a lo largo de todo el camino. No neguéis la bondad donde esté, reconoced el Amor aún cuando tengáis que empezar a conjugar una nueva tabla de valores cuando decís: "Yo amo." Encontrad la Paz aunque hayáis vivido en la batalla perenne de los que no creen en la raza humana. Cuando logréis esta mansedumbre habréis vencido el desencanto, el odio y la venganza. Cuando en vez de una amenaza levantéis vuestra mano en unos amistosos saludos a los enemigos de la Paz; ellos serán vencidos y vosotros conoceréis el sabor del triunfo generoso.

No Estáis Solos

Comprendo vuestras dudas y vuestros temores, es mucho lo que grita del desamor, la maldad y el egoísmo de los seres humanos. Sin embargo, cuanto más lleguéis a ver de ellos más sentiréis la necesidad de trabajar para los cambios. Si os levantáis ante tanta ruindad y eleváis el estandarte del Amor será porque estáis realmente preparados y ya nada podrá deteneros. Comprended que vuestra acción y vuestra palabra son importantes, y las únicas armas que vais a utilizar para pelear esta guerra por salvar al planeta y a sus habitantes. Nunca dudéis de la eficacia nunca de vuestra fortaleza, no hay ningún arma por sofisticada que sea capaz de deteneros. Olvidad el pasado y poneos a trabajar en la vida nueva o sea en el encuentro sin egoísmos de todos los habitantes del mundo. Recordad que no estoy haciendo prédica, estoy dictando una Filosofía que permita la supervivencia de la Tierra en el Futuro Universal. No confundáis al que predica como un actor sobre un escenario, jugando su parte muy lejos de ser auténticamente un practicante. Cuando yo os hablo de Amor, Paz, Acción y Difusión, es porque os amo y sois mis hermanos y por esto es que he acometido esta empresa. Hoy, no sólo vive mi canal que recoge mis ondas telepáticas, sino millares de otros canales en distintas partes del orbe. Yo no soy el único que cumple su cometido sino que conmigo millares de otros transmiten también. No os sintáis solos ni por un instante, vosotros no estáis solos. Tened confianza en los que encontraréis en vuestro camino, ya sean los que se van despertando ahora, o los que llegarán en el futuro. Estaréis unidos por una misma intención y por lo tanto seréis uno en vuestro grupo. Buscad y detened a los que pasen cerca y pregunten, a los que ya estén a vuestro lado por un instante o por muchos años. Buscad la señal del escondido reflejo que revela los signos del encuentro, que tal vez fue hermano en otro tiempo de vida o alguien que jamás estuvo cerca, pero que acaba de descubrir en él a quien le señalará su camino. Os repito que os sorprenderéis de los resultados.

CAPITULO DIEZ

Dios

Pregunta: ¿Que es Dios?

Respuesta: Dios es Perfección, Luz y Verdad. Dios es el descubrimiento incorruptible de nuestra consciencia, que despierta a las manifestaciones del Amor Universal y a una felicidad, que estará viva por siempre en la eternidad del ser.

Los Niveles del Intelecto

En el Mundo Nuevo los niveles intelectuales serán definitivamente más altos que los actuales. La razón es muy simple. Ellos han sido preparados porque son seres más evolucionados y llegaron dotados. Hoy mismo vosotros podéis ver tres estratos marcados en la sociedad actual: los místicos, los psicólogos y los científicos. Estos tres niveles conducen a un nivel en común. Mientras tanto se destacan en otros estratos; los materialistas puros, los materialistas-naturalistas, que pretenden encontrar la perfección en la naturaleza con "sofisticación" pagana, y por último, los religiosos de hábito y tradición, que buscan la protección Divina, para vivir en la molicie de un conformismo inactivo que acalla los llamados de la Verdad.

Los tres primeros niveles que forman uno solo, propiciarán el desarrollo de la intelectualidad futura, porque llegarán a la Verdad por diferentes caminos. Los otros enfrentarán su error desesperados, pero ya será demasiado tarde para llegar a la verdad que se negaron ver. Esa es la misma Verdad que no está siendo repetida hoy solamente, sino que llegó a través de muchos seres como Jesús por ejemplo, cuya mente clara y elegida no se ha repetido muchas veces en la Tierra. Sin embargo, se han escuchado voces igualmente claras que dieron también frutos nobles. Debéis notar que en ninguno de estos seres encontraron tesoros materiales, egoísmos o apegos sin razón. Nada físico ni posesivo movió ni moverá a estos seres humanos, cuyas pertenencias serán las mínimas aceptables para las necesidades primarias. Es decir que la Sabiduría no la encontraréis rodeada de la opulencia, y si así ocurriese comprobaréis que el Sabio, se mueve libre y soberanamente por encima de las posesiones y jamás será esclavo de ellas. Estos seres están en la Tierra ahora mismo, y otros lo estarán en un próximo regreso para seguir la senda iniciada millares de años atrás, y en presencias que veréis aparecer nuevamente. Cuando escuchéis la Verdad de labios de ellos jamás dudaréis que estáis frente a un ser elegido y las masas completas seguirán a estos hombres y mujeres. Con ellos irá naciendo una Filosofía Nueva y la Vida Nueva para los que se hayan unido a ella. Evolución y Sabiduría será la consigna y nada detendrá esta metamorfosis del Planeta. Las mentes estarán funcionando a un mismo tono y su fuerza será mucho mayor para detenerla. Comprended que no habrá entonces que temer tantos errores como hoy, ya que estaréis caminando por las sendas seguras que todos reconoceréis. Si prestáis atención a vuestra misma tarea de vivir cada minuto, cada hora y cada día, comprobaréis que hoy la Sabiduría, el Conocimiento, la Felicidad y muchas posesiones que el ser humano ambicionó, se encuentran al alcance de su mano en lo que pueden llamar un archivo o una "biblioteca" donde todos pueden llegar a realizar sus consultas. Yo comprendo que el proceso es largo y penoso, pero ya os dije que los pasos importantes se están dando, y lo que no puede discutirse es que esos pasos conducen a un Mundo mejor.

Los Milagros

¡Qué vanas las ilusiones de los que esperan todo de los milagros! Milagros que elaboran los que no tratan de vivir de acuerdo a la realidad de la carne, porque quienes se complacen en alimentar inútiles esperanzas; no confrontan el dogma animal que nada espera de otros planos que no sean simplemente los de la realidad que los rodea. Milagros, son actos de fe, según se decía, inexplicables cambios del mal por el bien con sólo la intervención Divina. En estos días ya sabéis que la Energía y el Equilibrio del Universo es quien mantiene, suministra, y llega hacia y hasta vosotros a través de vuestra propia consciencia; o por intermedio de un canal que se presta. No se comprende el alcance de esta Energía con poderes "milagrosos".¿ Es acaso un equilibrio o una energía administrada racionalmente y normalmente? Para quienes aguardan "los milagros" todo el mal deberá tornarse en bien como por arte de magia. ¿Cuántos sinsabores azotarán al alma, mente y cuerpo de los religiosos cuando la realidad desvanezca sus esperanzas? ¿Vosotros creíais que un mundo de felicidad iba abrirse entonces para los desamparados, los tristes y los enfermos? Cuando la realidad os despierte no lloréis por los "milagros", porque la sabiduría estará cerca de vosotros y os llegará lo suficiente, si podéis entender tantas simples razones como ignorasteis antes. No es imposible que entonces comprendáis que necesitáis un tiempo de silencio, paz y meditación, para reconocer la voz de vuestro "Yo integral". El silencio y la meditación finalmente adormecerán completamente los dogmas, y vuestras manos volverán a ser útiles otra vez. En vuestro cuerpo renacerá a la felicidad y prescindiréis de los "milagros". Por ello debemos insistir en que los que vayan despertando alerten a los que puedan estar con vosotros como parientes o amigos.

No busquéis tanta literatura en la experiencia de otros, que si bien puede ser válida es con la práctica cuando la consciencia se desarrolla más rápido. Aunque penséis que no estáis aún preparados recordad que siempre estamos asistiéndolos e inspirándolos, y que no son absurdos algunos ensayos, sino parte del entrenamiento que necesitáis. Por ello, prestaos a estas prácticas porque jamás será dañino el intento si la energía proyectada es con intención totalmente positiva. No temáis ni os detengáis porque vuestras influencias bien dirigidas siempre alcanzarán el éxito deseado, no sólo en lo físico, sino en lo mental, en lo psíquico y en lo material. Hasta lo material es vulnerable al dominio positivo de vuestras energías, cuando la actividad está dirigida para mejorar las situaciones críticas de los pueblos o para obtener nuevos adelantos científicos. Por ejemplo y, para dejar mejor explicado, si se desea poseer bienes materiales para ofrecerlos en el bien de los necesitados, los niños solos y los enfermos, no es lo mismo que desear bienes materiales para tener lo más moderno en vuestro guardarropa, más joyas, mejores hoteles en viajes banales y ofrecer fiestas mundanas para lisonjear la gula y los vicios. Las energías positivas encauzadas en la bondad se proyectan siempre con éxito y dejan una vibración positiva a todos los que se envuelven en ellas. Por ello, no temáis jamás de ofrecerlas a quienes puedan necesitarlas y recordad de entregarlas siempre con labor y mente constructiva. No olvidéis también de compadeceros de los que se consumirán con sus esperanzas mustias, porque no puedan despertar dentro de ellos mismos los "milagros" prometidos por los dogmas.

El Perdón

Hay consciencias que no se pueden atraer con otra cosa que con promesas profanas; o como en las religiones, con amenazas de infiernos y castigos. La humanidad ha vivido persiguiendo un cielo y un infierno que sólo existe en ella misma. Ella lo lleva a lo largo de sus vidas y muertes que sufre cuando no despierta. Cuando se observa desde el punto objetivo de la Verdad al ser humano en esa situación, se siente una profunda pena y dolor por él. Las mentiras y desviaciones de las que se han rodeado y sido prisioneros, han hecho aún más largo y penoso su camino. Podría decirse que está escalando las alturas del Himalaya cargando en sus espaldas tremendo peso inútil, y con paso lento y vacilante empina la cumbre con los pies descalzos, desgarrándose en el dolor del frío y la desolación. Nadie puede alcanzar así las cumbres doradas del sol cálido y acariciante; nadie llegará a andar un camino hacia lo alto. Tal vez rodará más y más hacia abajo en un doloroso y absurdo descenso. El ser humano ha creado tanta falsedad, que el peso de esas mentiras, miedos y equívocos lo han atrapado, como si estuviera enredado dentro del tejido de una red de la que no se puede liberar. ¿Cómo atraer entonces su atención y explicarle la simple realidad, haciéndolo responsable de los infiernos o los cielos en que vive? Frente a la Verdad no se puede suplicar ese perdón que trae algunas veces un mentido consuelo. Dentro de un mundo de falsedades, lo falso toma cuerpo de aparente y engañosa verdad.¿Qué pasaría si el ser humano encontrara su Entidad o su YO, no el yo del "Ego" físico de vuestra realidad, sino del Yo Verdadero e Integral? ¿El se pediría cuentas a sí mismo de sus errores, sus mentiras y sus mezquindades, así como de sus vicios y actos crueles? ¿Creéis que si ello ocurriera el ser humano encontraría <u>Perdón</u>? No, es muy posible que se avergonzara y se arrepintiera pero no lograría perdón, porque solamente una reparación sincera equivalente al daño provocado, sería lo único que lo pondría en la buena senda y lo haría sentirse completamente feliz.

En cuanto a los perdones que ofrecen las Iglesias no poseen valor ninguno ni consecuencias. Quienes alimentan la esperanza que llevándose el "perdón" antes de la muerte, poseen un pasaporte al paraíso, es vivir en absoluta ignorancia. Ellos desconocen que lo que han acumulado en acciones y pensamientos perdurará siempre en el campo energético donde lo han generado y allí permanecerán hasta que la entidad se ilumine y comience su reparación. Claro que decir esta Verdad es devolver el ser humano a su sabiduría natural donde encontrará a Dios en su ser verdadero y no necesitará que nadie le señale el camino. Sin embargo, es muy difícil sacarlo del error si llegó a la Tierra con los terrores de los albores del planeta. Él necesitó crear siempre algo o alguien, que le ofreciera ayuda y esperanza cuando no pudo forjar defensas. Si él hubiese mirado más a su propio ser, en vez de mirar hacia el cielo o imágenes ficticias para encontrar en ellas verdad y soluciones, poseería un caudal incalculable de la Sabiduría Sideral. Hoy aún se espera que lluevan las soluciones y los caminos se abran para darle paso a una vida plena de dicha. Si esto no ocurre deberán resignarse a vivir "pecadores" sin perdón, y se esconderán como tal en las sombras de la ignorancia, esperando la muerte.

Con el avance de este nuevo siglo veréis que muchas inquietudes que someten a presiones al mundo de hoy no desaparecerán. Muchas necesidades regidas por los intereses tampoco se transformarán. Es decir, que se producirán algunas correcciones como principalmente en el petróleo, que concluirá su época de oro y de dominio económico. Las máquinas podrán realizar muchos de los trabajos que esclavizan a la humanidad permitiendo que éste se canalice en su intelecto, produciéndose entonces un ser nuevo que habrá concluído su actitud de sometimiento frente a quienes se enriquecieron con su trabajo. La máquina contrariamente a lo que creen los humanos no lo reemplazará porque desarrollará más su intelecto y su genio será irremplazable. Esto hará posible que la mente consciente e inconsciente comience a educarse. Hoy sigue esclavizado por las necesidades y para solventarlas se somete a muchas horas de trabajo que queman sus energías. La resultante es que el empeño de satisfacer al cuerpo no le da la oportunidad de evolucionar su verdadera existencia. Estas condiciones han sido dadas al mundo desde los comienzos con el fin de hacerle superar su condición enteramente animal. Hoy el ser humano ha pasado las experiencias y trabajos acordes como para lograr su elevación e integración en los niveles superiores de la Vida Universal, pero para encontrarse con su Verdad había que permitirle que elaborara su Karma en las mejores y más favorables condiciones. Esto no hubiera sido factible en un mundo de Amor y Paz, donde le hubiera sido imposible establecer los equilibrios entre su cuerpo físico animal y sus anteriores vidas en el Universo. Nada mejor pudo ofrecérsele que este medio de depuración. Vosotros jamás alcanzaréis a comprender y a agradecer las oportunidades de vida que habéis tenido en este planeta, y cuando lleguéis a comprenderlo sentiréis un gran amor y un profundo respeto por él. Igual que el científico siente amor y respeto por su laboratorio, donde siempre es posible que la chispa de su genio se encienda e ilumine al mundo.

Desgraciadamente, hay aún pocos científicos que llegan a encender esa chispa, como seres que llegan a experimentar la Verdad y la Sabiduría Universal. Sin embargo, unos como otros saben que mientras existan los laboratorios y la Tierra, ellos siempre tendrán una posibilidad más.

CAPITULO ONCE

En el Nuevo Mundo

Resumiendo, diremos que para los comienzos del año 2000 muchas máquinas estarán reemplazando el músculo humano, y en el cerebro comenzará una fantástica evolución que despertará más aún su consciencia Universal. Debéis tomar en cuenta que lo que vosotros denomináis como un "cerebro genial" cuando promedie el Nuevo Siglo, será al nivel de quienes llamaréis "Maestros". Ellos serán los que hoy ya están presentes en la Sabiduría Universal. Es decir que son seres con muchas etapas evolutivas de conocimiento y que estarán en la Tierra sólo para guiar las potentes corrientes de las mentes despiertas hacia el Conocimiento y convertirlas en una fuerza positiva constante.

Cambios Tecnológicos y Sicosensoriales

Muchas de las cosas que los seres humanos de hoy consideran indispensables, pasarán a ser un mero recuerdo, como por ejemplo el teléfono. Nadie habrá de necesitarlos al finalizar el siglo, porque las ondas televisivas transportarán la imágenes completas con voz, en pequeños adminículos.

La función telepática será un sentido más en el individuo. Esto eliminará la ignorante actitud de los que se llamen incomunicados. Las mentes afines estarán en contacto permanente. Nadie se sentirá entonces solo ni podrá esgrimir la mentira sin ser inmediatamente detectado. Este intervencionismo no será una intromisión a la individualidad del ser humano. Será la realidad de su existencia Universal porque ya no existirá ninguna actividad ni interés que no pertenezca a todos por igual. Nadie trabajará para enriquecerse, sino que su obra estará canalizada para el beneficio de la vida en común. Cuando las necesidades primarias estén satisfechas, el ser humano ya no necesitará dinero para su seguridad. Una sociedad que funciona en los planos de la Justicia y el Amor, está reflejada en su vida sin zozobras ni sobresaltos. Cuando la organización de esa sociedad trabaje para los seres nuevos y los nexos del poder y el dinero no existan, no se necesitará ser rico ni poderoso para sentirse seguro. El ser nuevo se apartará con horror de la inverosímil tortura de aquellos que han desviado todas sus energías útiles en ese propósito. Porque la única inversión que no se pierde es la del Conocimiento y la Realización de sí mismo.

Con la llegada de adelantos electrónicos y técnicos que simplificarán la vida, habrá llegado también un punto de vista filosófico que en nada se parece al que actualmente sustenta la sociedad en la que vivís. Los lazos de amor o de odio sobrevivirán, ya que estos dos sentimientos son los que han regido siempre al ser encarnado o desencarnado. Por ello, es que una y otra vez, se realizará la búsqueda incesante del balance. Los que sólo regresan a la vida bajo el signo del Amor buscarán una profunda evolución espiritual.

Por la fundamental ley del Karma es que en el futuro del mundo, así como hoy, veréis al ser debatirse aún entre estos dos sentimientos. Afortunadamente, los odios se irán debilitando en beneficio de la nueva filosofía de supervivencia y la inminencia de los cambios que deberán preparar a la Tierra en su ascensión a la Cuarta Dimensión. Poco a poco todos los esfuerzos buscarán un camino limpio de odios, y la Nueva Filosofía será implantada con suma facilidad. El ser humano creerá y vivirá en la Paz porque sicológicamente no aceptará otro tipo de existencia sin considerarla primitiva. Recordar las batallas y las guerras del milenio anterior los hará estremecer ante tanta barbarie y crimen. No habrán héroes de las guerras, los héroes que aún hoy recordáis, serán fantasmas de la muerte y la usurpación y pronto los habréis olvidado.

Aún hoy quedan en el mundo muchas batallas por librarse, pero de ellas no quedarán héroes para recordar. Entonces resumiendo: Aunque bajo la ley Karmática los balances se establecen por los encuentros del odio y el amor; en la civilización futura de la existencia humana esta ley quedará erradicada. Sólo el Amor llegará a reinar en la existencia y convivencia, que siempre será fructífera para el mejor desarrollo de la entidad individual que bajo estas condiciones pudo estar dispersa en distintas misiones y se fundirá finalmente desarrollando rápidamente sus condiciones para regresar a los niveles de sus propios orígenes.

Cambios en la Influencia de la Ciencia y la Política

Ya dije que la ciencia y la técnica darán las óptimas condiciones para que estos postulados se cumplan, porque insisto que la respuesta para el Mundo del Futuro, si ha de existir, es precisamente con bases científicas. Con los cambios filosóficos naturalmente se habrán establecido efectivas transformaciones sociales que fueron necesarias en las épocas más críticas. Sin embargo, aún no podrán implantarse en acción conjunta y definitiva. Será necesario que todos los continentes comprendan su lección para unificarse rompiendo su individualismo. Unificación será una palabra utilizada para acercar simpatías y votos a las urnas, pero que no existirá aún en la práctica social totalmente evolucionada. Los políticos seguirán esgrimiendo promesas en función de asegurarse el poder de los países y gobiernos. Ellos obtendrán apoyo especialmente de los pueblos más atrasados y empobrecidos, que tendrán resistencia a unirse en grupos, por temor de compartir sus pocas posesiones y perderlo todo. Si no podéis sembrar y fructificar la independencia social del ciudadano común, encasillado y utilizado por las manipulaciones políticas, deberéis intensificar vuestra difusión. Comprended que aún es muy temprano en el tiempo Universal para que los seres humanos puedan entender sabiamente y decidir por sí solos. Ellos no se atreven a confrontar sus miserias y esgrimir la libertad, temiendo las represiones que se aplican a quienes se oponen a las voluntades poderosas. La esclavitud ha hecho mucho daño en el pasado y en el presente de la Tierra. Hoy los crímenes continúan y aún muchos cometidos en el pasado están siendo descubiertos en fosas comunes. Vosotros también deberéis advertir a todos los pueblos del orbe, el peligro de los gobiernos que esgrimen armas mortíferas como seguridad para sus pueblos, y los arengan con promesas de felicidad y futuro magnífico. Seguir el camino de cualquier agresión que ellos señalen puede poner en peligro la vida misma del Planeta y de la Humanidad.

La Humanidad en el Año 2050

El individualismo puro no existirá hasta que no se establezca una sociedad comprometida con la igualdad y el respeto por el individuo, lo que ocurrirá cuando el ser humano se respete a sí mismo. Por lo tanto existirá la individualidad cuando el ser humano "ame a su hermano como se ama a sí mismo". La Humanidad ha pasado muchos milenios sin aprender estos simples axiomas que establecen: Ley de Convivencia Pacífica, Respeto por lo Derechos Humanos, Equilibrio, Bienestar y Justa Distribución de las riquezas que pertenecen al planeta y no a los seres que lo habitan. Los títulos de propiedad y los límites que establecen que una nación sea rica o pobre, fueron establecidos por leyes impuestas y practicadas como resultado del pillaje, las invasiones, las guerras de las conquistas, y los poderes de los reinos de un lejano pasado muy a tono con la desmedida ambición del ser humano.

La Tierra es para todos los seres humanos, pero muchos olvidaron los derechos fundamentales y creyeron que habían encontrado su seguridad con la riqueza y el poder y crearon un precepto mental: "Cuanto más ricos y poderosos seamos, más seguros viviremos." Ignorantes del destino de la Humanidad un día sufrieron la pérdida inexorable: la muerte. Ella se los llevó desnudos, sin satisfacción alguna, desposeídos, solos, sin amor, y siendo los seres más tristes del planeta. Generalmente contemplando "sus obras" estos seres siempre llorarán el más tremendo y doloroso fracaso.

La Humanidad del mañana alcanzará a medir estas consecuencias con claridad y estima de la verdad, y nadie querrá afanarse por las posesiones de riquezas. La Sabiduría echará luces en los caminos que fueron transitados por milenios, antes de reconocer que no conducen a ninguna parte. Hoy, hablar de la unión de todos los seres humanos se considera una utopía o el delirio de un demente. Sin embargo, el ser humano que viva en los años 2050 no será perfecto, pero será testigo de situaciones de graves consecuencias, que lo ayudarán a conmover su consciencia y a intentar una nueva estructura socio-política. Si su labor no logra triunfar es posible que en el año 2076 la Tierra deba confrontar su derrota.

El Futuro Depende del Interés de Hoy

Será muy tarde si llegáis a olvidar que todo dependerá del interés que pongáis durante estos años en la organización de vuestros grupos. Si no aprovecháis estos años será tarde porque más adelante tal vez no llegaréis a tiempo con todo lo que necesitaréis para que pongáis a funcionar una maquinaria completa. Estar tarde también os hará proclives a la desorganización, y a la confusión. No es necesario que pongáis a funcionar una maquinaria completa. Tratad de complementaros con información vital y comenzad a resolver a las necesidades que deberéis afrontar. Dejad las instrucciones escritas para que así quien no pueda llevarlas a cabo, las transfiera a quien esté ya designado para reemplazarlo en sus labores. De esta manera no se perderán las indicaciones, estudios y decisiones de ninguna persona del grupo. Siempre será la labor de todos y lo mejor de cada uno lo que se ponga en práctica. Por ello, el trabajo deberá planearse muy bien y no dejar que los imprevistos aparezcan a su capricho. Recordad que por cada problema debe haber una solución. Controlad siempre las necesidades porque las sofisticaciones serán innecesarias y os traerán muchas preocupaciones inútiles. Conocer el orden de prioridad de las necesidades básicas es el primer paso para poner orden en la acción. No invalidéis mi insistencia, es sumamente importante lo que os digo y aún cuando las circunstancias futuras fueran totalmente benevolentes, de todas maneras la organización será válida. Recordad que con varios esfuerzos en ese sentido, saldrá un programa básico aplicable a muchos grupos. Comprended que aún los pequeños esfuerzo que hagáis hoy asegurarán el éxito en el futuro.

Una vez analizadas y sentadas las bases de las necesidades, componed el espectro de los distintos caminos para resolverlas. Entonces estudiad las distintas fuentes por donde podríais lograr ese abastecimiento. Evaluad las más simples y las más importantes, las más viejas y las más modernas, y lo que aún no esté en práctica, pero que consideraréis factible de aplicación. No entendáis con esto que cada uno deberá necesariamente dedicarse a un tema único. La opinión de los que se consideren peritos tendrán la primera elección, pero deberán atenderse sugerencias y sugestiones que impliquen innovaciones o inventivas. Nada será tiempo perdido si tiene el objeto de ofrecer ayuda y mejoras. Ardua tarea os espera, pero recordad que tenéis tiempo, lo tenéis si comenzáis ahora cuando aún parecen muy lejanos al Gran Cambio. Hoy os recordaré mis primeras palabras. "Será tarde si llegáis a olvidar que el futuro depende del interés de hoy."

CAPITULO DOCE

Cambios Transformacionales

Si la Humanidad logra conservar aún su planeta, podéis esperar que el ser humano sea tan distinto a vosotros, que no lo reconoceríais si abrierais una ventana al futuro. Este ser aunque os parezca muy extraño amará la Naturaleza por encima de todo, y la protegerá con el respeto y el amor que se dedican sólo a las cosas irremplazables. Este ser evolucionado habrá comprendido que destruirla o disminuirle es atentar contra su propia vida. Su amor por la Naturaleza habrá convertido a la Tierra en el jardín más perfecto y hermoso que podéis soñar. No habrá mano que se atreva a levantarse contra ella y será delito gravísimo atentar contra la conservación de las fuentes naturales. El aire, el agua y la tierra serán los elementos de Vida y serán respetados como la existencia propia del ser futuro.

Para ese entonces las artes serán cultivadas con gran entusiasmo la nueva sociedad que encontrará un aporte nuevo de inspiración en lo Universal muy de acuerdo con la evolución alcanzada por la Tierra. El ser humano cultivará las artes como parte de su tiempo dedicado al placer exclusivamente para crear belleza y línea exaltada de la perfección de su época. La Naturaleza también dará su aporte a la creación artística que se evidenciará en el agua, la tierra y el aire como parte de sus elementos. La jardinería jugará con ellos graciosamente y con armonía, iluminándolos con colores mucho más intensos que deleitarán los ojos de las generaciones venideras. La creación artística será patrimonio de todos y se expondrá en lugares apropiados para ser apreciada por todos los que deseen disfrutar de ellas. El arte será como es hoy, patrimonio de quienes estudien y practiquen con amor por el fervor de la creación.

El Conocimiento, la Muerte, y la Verdad en el Nuevo Mundo

Vosotros no debéis olvidar que el estudio, sin importar su nombre será una pasión absorbente para el habitante del futuro. En todos los órdenes, los maestros tendrán como misión preparar las generaciones jóvenes para que el conocimiento pueda abrir nuevos surcos en ellos, y fructificar una mejor la semilla del progreso y la sabiduría del conocimiento humano. La oportunidad de estudiar estará el alcance de todos, aunque como es natural, no todos estarán interesados en los quehaceres del aprendizaje. Será prerrogativa de cada uno decidir si su vida útil es dedicada a las competencias físicas o para mejorar sus condiciones intelectuales. La vida espiritual tendrá tanta importancia como la física o las ciencias, por ello los Maestros estarán también cumpliendo su función reveladora y evolutiva, para que los caminos de la Luz sean transitados sin perturbaciones. La contemplación y la práctica del diálogo íntimo con la entidad íntegra estarán planeadas desde la niñez. El ser humano se reconocerá a sí mismo ni bien aprenda a reconocerse sobre un espejo. Es decir que la personalidad física y la entidad estarán unidas para desarrollar a un ser más claro, completo y evolucionado. No se ignorará entonces, que la llamada "muerte" no es el fin de la entidad y que transitar en ella significa vivir nuevamente las fallas, los errores, y los actos de la vida otra vez, hasta poder reconocerse capaz de las reparaciones y los balances. Nada es más desagradable ni produce más dolor que los actos de bajos sentimientos humanos, cuando son vistos y contemplados, una y mil veces, desde el punto de mira de la entidad completa que no acepta ni escucha justificaciones ni mentidas razones. Recordad que cada acto o pensamiento, es una energía que ha sido generada y con la cual volveréis a reencontraros. Creedme que muchas veces pensaréis que es imposible que vosotros hayáis sido responsables de esos actos, y menos aún que los hayáis contemplado con algún justificativo. Para ser más claro, es como si os sentarais frente a una pantalla de cine o televisión y vierais rodar ante vuestros ojos una de las tantas historias de la que vosotros no habéis sido protagonistas. Pero en este caso, seréis vosotros los actores y ejecutores. Entonces os veréis mezquinos, débiles, pequeños, maliciosos y hasta capaces del crimen. Otras veces os contemplaréis con complacencia como seres generosos, buenos, justos y nobles. Creedme que es muy diferente ser espectadores de estas condiciones en vuestras personas, pero otra muy distinta ser protagonista de historias vergonzosas o inhumanas, sin oportunidad de daros explicaciones, motivos, excusas o retaceos. El hecho, el acto, o el pensamiento existe o no, si no existe no vais a contemplarlo, pero sí está frente a vuestros ojos es imborrable y pesa en vuestra consciencia con dolor para demostraros que es inútil que vuestra mente conciente cree justificativos, escondites, o mentiras para ocultar nuestras faltas y debilidades. Sin embargo, un día os encontraréis ante ellas y ya no podréis eludirlas. Si el ser que resulta después del conocimiento integral no os gusta, será una experiencia muy amarga, porque ese ser es el Vuestro. Entonces os veréis bellos u horrendos como vosotros mismos os habéis fabricado. Vivir una eternidad con un monstruo es una tortura; de allí que los seres busquen tan desesperadamente perfeccionarse, y que muchas veces se impongan misiones, sacrificios y tareas muy difíciles. La Verdad es hermosa, pero tan hermosa como cruel. Todos sufriréis una gran decepción al comprender que han vivido mintiéndose y disfrazados; y que al quedar desnudos veis toda la fealdad que recogisteis en la experiencia.

Transformación de los Pioneros de la Nueva Era

Al final del milenio veréis con más claridad vuestras impresiones y vais a olvidaros de los conceptos que rigen la vida actual. Ellos no van a serviros como hombres o mujeres del futuro. En la actualidad, cuando habláis de vuestros sentimientos los enaltecéis como bases y pilares del ancestro humano, pero estos sentimientos que tanto os enorgullecen hoy, no son mucho más que pasiones del ego y del sexo. Amor, ya lo expliqué anteriormente, será el sentimiento fundamental por encima y sobre todos los demás. A su abrigo nacerán todos los demás sentimientos nobles y se extenderán sobre la Tierra Nueva en continua evolución en busca de la Perfección. Es decir que aunque sean otros sentimientos los que intercambien los seres, las bases del respeto, individualidad y libre albedrío deberán responder a las virtudes del Amor. Con estas bases nadie recibirá las heridas y los pesares que hoy se causan los seres humanos en su nombre. Hoy el sexo ha cobrado gran importancia en la relación amorosa y a veces de su compatibilidad depende la estabilidad de una pareja. Para otros el sexo es un acto tierno, de gran satisfacción emocional y lo practican con mesura, decoro y con caricias placenteras reafirmando el Amor con compañerismo, placeres artísticos, compartiendo conocimientos o responsabilidades hogareñas que afirman la unión de las parejas. En el ser humano del futuro este sentimiento adquirirá otras proporciones, desapareciendo como necesidad de apareo físico, y quedando como una función muy respetuosa de la razón de procrear. Por lo tanto, podrá ejecutarse de manera directa o indirecta y será la culminación de un sentimiento puro y profundo, con la función específica del acto casi divino de dar vida. En el ser consciente esta parte del amor humano será lo más importante, y asumirá la responsabilidad de administrar y amar a esa vida nueva, y ofrecerle las mismas oportunidades de bienestar como a todos los otros seres humanos. Recordad que los hijos serán primero amados por los padres, pero siempre amados por el grupo, igual que a sus propios hijos. La sociedad ya habrá cambiando el análisis de la existencia de un nuevo ser en la Tierra. Algunos de vosotros consideraréis que no tendrá muchos atractivos. Ya os dije que deberéis variar la base estructural de vuestra existencia actual para poder entender mejor la futura. Recordad que el concepto de venir al mundo a pasarla bien y divertirse, como algunos sustentan en el día de hoy variará considerablemente. Los seres humanos del futuro entienden las razones de la Vida y la Existencia Humana diciendo que la supervivencia y el futuro están muy comprometidos hoy mismo para la Humanidad. La felicidad de que gozan les ofrece una plácida conexión con la vida y la filosofía futura.

Vosotros entonces entenderéis y aceptaréis vivir en ella porque os hará feliz. Hoy mismo podéis comenzar a comprenderla y echarla a andar en vuestras vidas. No implicaría nada más que un cambio en vuestra consciencia. ¿Qué ocurriría entonces? Vosotros rotaríais ciento ochenta grados en las respuestas a vuestros conflictos. Ya no estaréis presionados por las exigencias y los caprichos convencionales de la sociedad humana. Tendréis respuestas para saber: ¿Por qué y para qué estáis vivos sobre la Tierra? ¿Sólo para satisfacer necesidades físicas y contentos pasajeros que os exigen una cadena de días dedicados a un quehacer que cada día os resulta más insoportable? La nueva filosofía os enseñaría a limitar las necesidades físicas a las indispensables, y ellas dejarían de ocupar un lugar preponderante en vuestras vidas. Socialmente observando otros horizontes encontraríais nuevos amigos en grupos de hombres y mujeres conscientes que han encontrado mucha sustancia de paciencia y amor. Ellos os hablarán del Mundo Nuevo, de los cambios que sufre y sufrirá la Tierra en el futuro, de la Supervivencia, de las catástrofes que seguirán transformando al planeta. Vosotros no tardaréis en sentir el deseo de saber más y cooperar con ellos. Al decir de la Vida Nueva la vuestra habrá nacido otra vez y la energía os encauzará sólo en el estudio y en actos de cooperación con ese centro de paz y amor que tal vez quisierais compartir en el futuro. En esos momentos vosotros seguramente ya consideraréis vuestra existencia en un grupo. Comprenderéis que será difícil ser aceptado, pero prometeréis ir con paso lento y seguro hacia el conocimiento y la transformación.

Los que hoy son pioneros de la Nueva Era viven en el nivel experimental constante, son una gran cantidad de seres humanos que han pasado ya a ese nivel y son las semillas del futuro. Cuando estos cambios sicológicos, espirituales y sociales se producen en la estructura actual, también se van produciendo en la sociedad en general. Las circunstancias mundiales y económicas se agudizarán y la Humanidad entrará en contacto con esta energía destructora que está trabajando en las masas. La Cruzada de los Seres Humanos conscientes está tratando de salvar el planeta del vértice energético de su destrucción y llevarla con energías positivas al gigantesco Proyecto Experimental del Planeta Tierra. Si mientras leéis estas líneas os sentís identificados con alguna parte de ellas, es porque habéis despertado o porque formáis parte del Gran Cambio y de una manera u otra, vuestra acción corresponderá a una parte de la Filosofía del Mundo Nuevo.

Recordad que lo único que intentamos en esta acción de comunicarnos con el plano de la Tierra es precisamente difundir la semilla de la Verdad y despertar a aquellos que son parte del futuro. Si las palabras aquí vertidas alcanzan para sacudir a unos cuantos y despertaros; habremos logrado nuestro objetivo y tendremos adelante el camino que transitarán los "Seres Nuevos del Mundo Nuevo." Recordad que todo depende de la acción y la convicción de cada uno de vosotros. No olvidéis que los cambios ya han empezado y que cada día aumentan las condiciones precarias de vuestro planeta. El futuro puede ser hoy, y si el ser humano estuviese realmente consciente del peligro que corre la Humanidad, no dejaría de actuar para prevenir esa eventualidad. Es como si vuestro albergue, vuestro cuerpo físico, estuviese a punto de volar en pedazos y vosotros os pasarais un día entero visitando zapaterías para compraros un nuevo par de zapatos. ¿Dónde os pondréis estos zapatos cuando no tengáis pies? ¿Qué puede ser más importante que salvar el albergue? ¿Qué puede ser más urgente que salvar la Tierra de todos los peligros que la amenazan? Cuando los seres humanos comprendan que la casa que se construyó sobre ella con tantos sacrificios, puede no tener cimientos ni base donde está fundada, entonces estaréis enfrentando vuestra realidad. No es importante la casa sino la Tierra; y para luchar por su conservación las únicas armas que tenéis que utilizar, es detener las fuerzas que han provocado su deterioro. La marcha suicida incluye a los miembros de vuestra civilización que promueven agresiones sin comprender que esas batallas ya están perdidas.

La Religión y la Hipnosis Colectiva

Para que los cimientos de la sociedad futura sean firmes y duraderos, debéis considerar indispensable el cambio y la transformación sicológica en la que se está trabajando desde hace siglos. Comprended que las condiciones físicas, mentales, de consciencia y espirituales del ser humano no han variado en unos pocos años terrestres. Su evolución ha sido constante desde su aparición en la Tierra, aunque vosotros sólo podéis observarla más consistentemente en los últimos siglos. La tarea ha sido harto difícil ya que ha habido fuerzas detractoras para su progreso. La misma Humanidad con sus ambiciones de dominio y posesión ha hecho más difícil ese desarrollo. También las amenazas de los infiernos y el miedo implantados por tantas y distintas religiones sólo consiguieron retrasar el proceso evolutivo. Nosotros sabemos que esta declaración chocará a muchos y se debatirán contra ella. Los conceptos religiosos todavía poseen el poder de la hipnosis colectiva. Pero tratemos de mirar esto con absoluta objetividad. Contemplad la verdad al desnudo. Todas las religiones, absolutamente todas, poseen en su estructura filosófica y sicológica algunas verdades que no llamaremos bíblicas sino Universales. Todo el poder de la sabiduría y el progreso en cualquiera de sus formas no fueron creados por el ser humano, sino conducidos como inspiración a través de él, desde la fuente del Conocimiento Universal para ponerlas en práctica a través de su inteligencia. Esta es la razón por la que os habéis apartado de la esencia misma de vuestros orígenes como género humano. Os habéis vestido con prejuicios y condiciones que han desfigurado la estructura filosófica de la verdad de vuestros orígenes. Si la Humanidad se hubiera concretado a la práctica de su Verdad Universal en primer lugar, sin adquirir los ritos, castigos y promesas de perdón de las religiones, los seres humanos no se hubiesen desviado hacia tantas aberraciones, crímenes, asesinatos y fanatismos que costaron millones de vidas inocentes.

El progreso de la verdad universal hubiera sido tan rápido que el mundo hoy estaría con dos o tres milenios de adelanto con respecto a la actualidad. Yo les hablo en la dimensión de tiempo de vuestro entendimiento para así mejor establecer esta comunicación. En realidad el tiempo en esa medida no existe, como no existen muchos elementos y conceptos que vosotros habéis creado en la necesidad de organizar vuestra existencia en la forma esquemática en que habéis aceptado vivir. Fijaos bien que todas las religiones establecen que cada ser humano debe amar al vecino y verlo como un hermano, y que vuestros actos deben ser ciertos, nobles y generosos, y que deberéis practicar la humildad en todos los actos de vuestras vidas. Es decir que vuestro ego no debe participar en vuestra vestimenta porque creéis en la sencillez y la simpleza también en vuestras actitudes y apariencia, que no rendiréis jamás pleitesía al dinero ni al poder, que perdonaréis siempre a vuestros ofensores, que repartiréis vuestras posesiones con el desvalido sin siquiera preguntar el nombre de las manos que se extienden en busca de vuestra generosidad, que sois siempre piadosos y no juzgáis a vuestro hermano. Y podría seguir llenando páginas y páginas que repetirán los mismos conceptos entre cristianos, judíos, mahometanos, budistas, ortodoxos o cualquiera sea vuestra religión. Debéis advertir que todas establecen que debéis aceptar los dolores y pesares de la existencia terrena con resignación y hasta con alegría, porque con ellos laváis el camino que conduce al "cielo" o al "perdón." Volviendo a las Verdades Universales deformadas por las religiones, voy a rogaros que hagáis un acto de sincero y verdadero estudio de vuestras actitudes, actos y pensamientos relacionados con los conceptos religiosos y filosóficos en los que creéis. Si después de un tiempo prudente, podéis responder con la verdad absoluta que vivís en un todo de acuerdo con vuestra religión, honestamente deberé reconocer que sois seres de gran evolución.

La Espiritualidad y la Esencia de Vuestras Religiones

Muchos de los religiosos ignoran o pretenden ignorar que existe la Verdad Karnática, que es balance para la elevación y la superación de los niveles espirituales. Hermanos que tal vez con cierto horror y mucho temor habéis leído estas líneas, no permitáis que la mente os cierre el paso para el encuentro con la Verdad Universal. Reconoced sus conceptos y habréis operado un progreso fantástico. Comenzad a dejar las prácticas religiosas para empezar a practicar la esencia de las religiones, de los conceptos filosóficos que transformarán la sociedad y os convertirán en los seres del futuro. Nadie debe vivir de las religiones sino para ellas, invitando con su ejemplo a que vosotros os hermanéis y no os dividáis con odios y violencias por creer que sólo uno pocos poseen la Verdad. La Verdad es de todos y está en todos. Debéis encontrarla dentro de vosotros mismos y sólo debéis luchar por mantenerla y engrandecerla en vuestra consciencia. Haced una Paz duradera con vuestros conceptos y prejuicios. No batalléis en contra ni a favor de ellos, simplemente comenzad a vivir sin ellos y dejarán de molestaros antes de lo que pensáis. Haced una línea blanca, marcad un tiempo de separación como quienes terminan un experimento y comienzan otro. No hagáis comparaciones, comenzad con otras bases y con las mismas Verdades. Elaborad el nuevo experimento de la Verdad del Futuro; pero no hace falta ni es necesario que todas las partes de este experimento se sucedan al mismo tiempo. No sería posible, pero lentamente podéis establecer las condiciones para ir desarrollando cada una y observar las respuestas. Experimentad primero en el sentido de ver a vuestros semejantes como hermanos. Tratad a vuestros vecinos y amigos como tales, porque eso dicen todas las religiones. Notad los resultados, estudiad las reacciones, estableced los cambios operados en vosotros mismos y en vuestro espíritu. Al medir a los demás con la vara de la hermandad humana, sentiréis que muchos otros conceptos no son necesarios, sino simulaciones y posturas convencionales que tenderán a desaparecer lentamente, como las mentiras y los actos reflejos de la hipocresía que pronto dejarán de funcionar. Seréis más verdaderos y simples porque no necesitaréis aparentar ni fingir. No será necesario que aduléis y valoréis lo que vestís ni el automóvil que tenéis, y vuestra satisfacción será sólo que os comuniquéis con amor. Iréis entonces hacia la liberación y comenzaréis a saber que lo que vosotros llamabais felicidad era apenas una simulación y una tortura inventada por la sociedad. Enseguida, buscaréis a Dios en vosotros mismos, os concentraréis en vuestro ser y meditaréis para encontrar su contacto. No habrá mejor templo que la Naturaleza y la contemplación de la misma y así rendiréis homenaje a la Verdad Universal. Derivaréis vuestros diezmos a los necesitados y haréis vuestra propia obra de caridad, consolando a los enfermos y ayudando a los que estén en desgracia. Encontraréis en vosotros mismos a Dios, al sacerdote o a la cabeza de vuestra "Iglesia." Escucharéis su voz, reconoceréis su imagen y veréis su Luz. Recordad que la Iglesia, el Templo, el Altar y el Sacerdote están todos dentro de vosotros mismos.

Ellos, están esperando que vosotros penetréis en ese sagrado recinto de la Verdad para haceros las Revelaciones que habéis perseguido y esperado por tanto tiempo. Esas Revelaciones de la Verdad que os han prometido por milenios, mientras os exigían fe ciega y sorda, y os amenazaban con excomulgaros si insistíais en exigir respuestas a vuestras preguntas y dudas.

Las fuerzas conductoras individuales y colectivas del poder universal, delimitarán las condiciones sicológicas y filosóficas de los pueblos del futuro. Nadie deseará ser totalitario ni intentar esa responsabilidad, ni aceptará un día de esa situación sin considerar que se está violando y atentando contra el más supremo derecho individual. Recordad que el concepto "riqueza" habrá cobrado una total y pronunciada variante y que esa palabra no representará la posesión de bienes materiales ni de poder. El único realmente rico será el que atesore más conocimientos y sabiduría. Pensad por un instante en el significado de esta palabra en el nivel social y decidme si en verdad debe llamarse "rico" al que sólo posee bienes materiales. ¿Qué clase de efímera posesión es aquella que cuando se abandona la Tierra no se puede continuar poseyendo? ¿No es contradictorio llamar "riquezas" a lo que no se posee? ¿Cómo es posible que el ser humano que se entrega a una vida entera de luchas y dolores; que es capaz de mentir, simular, esclavizar a otros seres y hasta a veces matar por sus posesiones, al fin de su existencia física abandona su fortuna y parte desnudo como llegó a este mundo? Será tanta su ignorancia y su incomprensión que no podrá admitir que haya vivido toda su existencia terrena equivocadamente, y que al morir su poder y su riqueza se desvanezca como un sueño. Tal vez no comprendáis muy bien cuán terrible es esta experiencia; ni por qué este pobre ser se siente totalmente desvalido, perdido, inseguro, desoladamente solo y confuso. Su tortura no tiene fin porque en la próxima etapa inmediata a la "muerte" esta aterrado al experimentar el abandono de su cuerpo físico, sintiendo que todas sus necesidades materiales regresan a él, mucho más candentes en su exigencia de ser satisfechas¡ Que tortura sufre al contemplar la disipación o el reparto de sus posesiones!

No creáis que no es posible encontrar la sabiduría y la posesión material en un mismo ser, ellos no abundan pero existen. Son apenas unos pocos y jamás mueren ricos, porque si han poseído más de lo necesario lo dejan distribuído en beneficio de la Humanidad. Se separan de ese mundo físico sin llevar en su entidad ningún recuerdo de sus bienes. No parece simple esta conversión sicológica del uso de las riquezas y sus distribuciones. Sólo puede comprenderse cuando el conocimiento no sólo penetra como información en vuestras vidas, sino que forma parte de vuestras consciencias.

Esto podrá ocurrir sólo cuando el Cambio haya ido tomando lugar en la existencia filosófica y sicológica de la sociedad futura. Recordad ahora que: "es más fácil que un camello pase por el ojo de una aguja a que el rico entre en el Reino do los Cielos." El "Reino de los Cielos" es la Paz y el Conocimiento necesarios para no sufrir cuando dejéis esa dimensión material. El Reino de los Cielos está ahora mismo con vosotros o no lo está, depende de cuánto hayáis comprendido e incorporado de su sabiduría en vuestra existencia física. El "infierno" también está en vosotros compuesto por vuestros odios, egoísmos, miedos, iras y violencias. Un "infierno" que nadie podría crear ni llevar arrastrando de existencia en existencia de la diabólica manera como vosotros lo creáis dentro de vosotros mismos. El ser humano se tortura en sus propios infiernos desde hace milenios. Temed sólo a vosotros mismos, porque sois los creadores del infierno en que vivís. Por lo tanto, si aprendéis y sois sabios crearéis las condiciones del Cielo para una evolución perfecta y constante. Tal vez, esto os parezca confuso especialmente en vuestro mundo donde se debaten tantas miserias y tantos dolores como sufren hoy en la Tierra. Pero no os lamentéis porque sois responsables de todos estos pesares. Recordad que la envidia, el odio, los egoísmos, la avaricia, el poder y elementos negativos como las degradaciones, los crímenes y los vicios son practicados por vosotros. Todas estas energías son negativas y generan los padecimientos del mundo de la Tercera Dimensión.

Vuestra Interpretación de Dios no Regirá en el Nuevo Mundo

La revisión del Mundo Nuevo también vendrá de cada uno de vosotros. Es muy importante que uno en un millón entienda, viva y practique la Sabiduría. Una energía positiva puede hacer la diferencia entre el Conocimiento y la Oscuridad de vuestro plano. Las consideraciones que antepongáis a la acción de la Verdad y la Nueva Filosofía serán sólo obstáculos para vuestro avance individual. La Bondad comenzará su realización y hará posible el cambio. Sin él tampoco es posible la preservación de la Humanidad. Tal vez, vosotros no consideréis importante la acción transformadora de un solo ser humano y he aquí vuestro error. Un ser es importante y sin él esta cruzada de propagación no existiría. Si pensáis que debéis posponeros a todo y a todos porque sentís que tenéis otros deberes más importantes que vosotros mismos, jamás encontraréis el camino para vuestra propia realización. Debéis calificar vuestras acciones para que les otorguéis el lugar de importancia que les corresponde en el orden de prioridades y en el desarrollo de la acción futura. Todo es conceptual, pero desgraciadamente muchas enseñanzas han sido mal interpretadas.

Hay diez mandamientos en la vida humana que han regido la existencia de vuestra sociedad por muchos siglos, pero los mandatos de Dios han sido interpretados erróneamente y por lo tanto han equivocado a la humanidad. Por ejemplo, hay uno que dice: Amarás a Dios por encima de todas las cosas. Cada persona interpretó estas palabras con su propia inspiración, sin importarle demasiado la inspiración que Dios les había dado. Prestad atención: Dios no estaba diciendo dónde debíais amarlo, ni cuándo ni cómo, pero alguien creyó que para amar a Dios había que levantar lujosos templos, ponerlo en un altar, postrarse ante él y para ganar su Amor hacerle ofrendas materiales a las iglesias. Así rinden su "humildad" a Dios los seres que viven henchidos de orgullo y vanaglorias. ¿Cuántos héroes se han hincado frente al altar de Dios con una espada en la mano? ¡Millares! Y aún los recordáis en las páginas de la historia y les rendís homenaje!¿No comprendéis que Dios no quiso otro templo que no fuese vuestro propio cuerpo, perfecto y maravilloso, que posee la chispa de su divinidad? ¿Creéis que Dios aspiró a otras riquezas y brillos que la maravilla de los cielos, y a otras músicas que no fueran los trinos de los pájaros y el rumor de las aguas puras? ¿Vosotros os imagináis acaso, que cuando dijo que lo amaráis por encima de todas las cosas, significó que os diérais cita frente a un altar en los días de oficio y os golpearais el pecho en señal de constricción; para luego salir al mundo a llevar egoísmos, vicios y ambiciones? Dios no os dijo cómo amarlo pero sí os dijo, que tenéis su imagen y semejanza, que todos érais hermanos y que de los humildes sería el reino de los Cielos. ¿Cómo vais a hincaros entonces frente a una imagen y vais a adorar a vuestro Dios en un templo físico, si el único templo que él puede albergar es vuestro ser interno? ¿Cómo vais a amarlo por encima de todas las cosas, si no amáis a vuestro hermano por encima de vosotros mismos? ¿Cómo vais a demostrar vuestra humildad sino dejáis de halagar vuestro ego? ¿Quién puede creer en vuestro deseo de enmienda y arrepentimiento cuando repetís los mismos errores una y mil veces? Dios está en vosotros y podéis encontrarlo en vosotros si estáis dispuestos a emprender el camino hacia Él. Detenéos unos pocos minutos al día y dedicadlos a ese camino, a la Verdad, a la Mansedumbre, y al Silencio. Aprended a reconocer en vosotros mismos al ser Universal que sois, y habréis encontrado todo el esplendor y la fe que necesitáis. Cuando os llegue la hora de entregaros a la decisión que os impondrá organización, horas de trabajo, devoción y sacrificios, el Amor a Dios deberá estar por encima de todas las cosas. No intentéis entonces falsas interpretaciones de la Verdad y de mis palabras. "Yo" como Él estoy dejando que vuestra consciencia decida dónde, cómo y cuándo vais a realizar vuestra misión.

No valen las excusas ni hacen nada positivo para el ser verdadero los actos que conforman satisfacciones o sacrificios ofrecidos en beneficio de otros seres aunque sean amados por vosotros. Si os rendís y ofrecéis vuestras energías por sumisión o por la única razón de protegerlos mas allá de los límites del Amor, esta dependencia será nociva para todos, tanto para los que dan como para los que reciben. Esta práctica por lo tanto, se extirpará de raíz en el futuro. Especialmente, de los padres que queman todas sus energías para adquirir inútiles satisfacciones a sus hijos, robándoles a ellos el derecho de su propia experiencia y realización. La protección normal no reduce la libertad ni el libre albedrío de los hijos, tampoco crea dependencias morales, físicas o materiales, que los hagan incapaces de poder sobrevivir por sí mismos. La ley animal se cumple en todas las especies. Al pequeño se lo protege para asegurarle un cuerpo sano, se les provee de abrigo y se le enseña a saciar su hambre y su sed, así como a protegerse de las eventualidades que puedan amenazar su vida. Si los niños tuvieran ese simple y maravilloso esquema para comenzar sus vida, tendrían muchas más oportunidades de realizar sus entidades y de cumplir sus destinos karmáticos y misioneros. Sin embargo, algunos padres los sobreprotegen más allá de la edad conveniente y crean necesidades ficticias en ellos. En cambio no les ofrecen la oportunidad de desarrollar los dos puntos básicos más importantes de una personalidad: saber cuál es la responsabilidad que asume con su propia existencia individual, y que debe su realización al planeta que habita. Si los niños no son despertados a esta Verdad desde muy pequeños, jamás se sentirán responsable de sí mismos y cuánto menos del resto de la Humanidad. Cuando los niños sean padres todavía no habrán comprendido que no puedan ofrecer seguridad y protección a sus propios hijos, como tampoco a los hijos de los demás ya sea en un grupo o en su familia. Los conceptos de responsabilidad, protección y amor se universalizan con la justicia y el equilibrio cuando se comienza una acción benefactora, y se extiende largamente la mano generosa que aquieta los dolores y calma la angustia de la soledad.

Muchos pensaréis que es casi imposible concebir que se pueda ser capaz de sustentar el mismo amor por su hijo que por los hijos de los demás. No creéis que pueda existir una motivación suficientemente fuerte, pero recordad que vuestro análisis es sólo vuestra estructura mental, socio-política y religiosa de vuestro tiempo. Por ello voy a recordaros que las mariposas no pueden volar en el tiempo de las orugas. Las orugas son orugas siempre, hasta que llegue el tiempo de transformarse en mariposas. Por esto, es que debo advertiros que si mis palabras no están en vuestro vocabulario es porque habéis perdido la fe en la Humanidad, y entonces estaréis imposibilitados de componer el futuro cuando llegue el tiempo del Mundo Nuevo. Para aquellos que ya empezaron a volar, os pido que no os despeguéis demasiado de la Tierra, creyendo que por "milagro" llegará la Justicia Universal, el Orden y el Equilibrio. No estaría "yo" en esta labor si el milagro lo pudiérais hacer vosotros mismos. Es en el nivel y el tiempo de la Tierra Nueva cuando se operará su ascensión a la Cuarta Dimensión, y vosotros, sus hijos, iréis con ella. Cuando os proyectéis en esa dimensión descubriréis cuánto más integral será la existencia de la Humanidad.

El Crimen en el Nuevo Mundo

Uno de los graves problemas que aquejan a la sociedad actual es la delincuencia. En el mundo del futuro este mal será tratado como una enfermedad. Cuando una persona está enferma, se le lleva a una institución, que difiere en un todo con el mundo que se mueve detrás de sus paredes. Esta institución posee sus propias leyes y personal entrenado adecuadamente para tratar a los enfermos. Primeramente una vez aislado el enfermo, se estudia el carácter de su enfermedad y se le refiere al especialista que tiene mayor experiencia en ese campo. Se determinará entonces si el caso requiere atención clínica o quirúrgica o ambas, pero también se determinará por la gravedad del caso, cuánto tiempo requerirá su proceso de curación y rehabilitación. Ningún hospital dejaría salir de su institución a un enfermo sin haberle ofrecido todas las oportunidades para su curación, y sin poder garantizar que la misma se ha realizado. La idea de esta asistencia reparadora y la misma idea primarán en la aplicación de la justicia. El que atente contra de la sociedad deberá reconsiderar su vida completa, comprender dónde comenzó su error y dónde su desvío. La evaluación del individuo se hará en instituciones especiales y con la asistencia de médicos, psicólogos, y psiquiatras. Estudiados los hechos y el individuo, así como los daños causados a la sociedad, se determinará el tiempo y el tratamiento que deberá seguir. La rehabilitación no podrá cubrir menos tiempo que el mínimo establecido por el dictamen final, pero jamás se fijará un tiempo máximo. Si el individuo no puede superar su estado o si/su enfermedad es crónica, no podrá regresar a la sociedad por indultos o por pago de dineros.

En vuestra organización actual si el criminal cumple una condena, no significa que regresará a la sociedad rehabilitado como para controlar su vida dentro de la misma. Sin embargo, los que cometan delitos en la Nueva Era serán muy pocos. No existiendo las condiciones sociales, sicológicas y políticas que equivoquen al ser humano no habrán muchos que se desvíen de la senda del bien. Los delincuentes que hoy cometen crímenes son productos de los equívocos de la misma sociedad en la que han nacido y se han desarrollado. Debéis comprender que se están brindando las condiciones para que existan estos desvíos. La sociedad humana necesita evitar que una persona se sienta sola, aislada y muchas veces rechazada por sus congéneres. Cuando las oportunidades para estudiar o practicar un oficio sean las mismas para todos, el comprenderá que depende solamente de él la posibilidad de su evolución y bienestar. Entonces sus agresiones habrán abortado y jamás descargará su mano contra otro ser humano. Sabemos que en el plano físico de la Tercera Dimensión no se manifiesta la perfección, y es posible que una falla determine una agresión. Si esto ocurriera, los hechos deberán evaluarse profesionalmente y el individuo será sometido a una investigación física y mental. Resueltos estos problemas, deberá ser ayudado a encontrar su verdadera personalidad espiritual que eleve su estado de consciencia. Después de este proceso él deberá aceptar su error, comprender las razones que lo llevaron al delito cometido y esclarecer su total arrepentimiento. No sólo hará corrección en sus actos, sino que deberá responder a una terapia sicológica si su caso lo requiriera. No os estremezcáis cuando os hablo de programación. Recordad que el individuo habrá comprendido y aceptado su arrepentimiento a sus actos de agresión. El se prestará voluntariamente a este trabajo de programación para no volver a caer en compulsiones agresivas. Es comprensible que os sea difícil aceptar lo que os explico. Está muy arraigado en vosotros que un criminal o un ladrón salde sus deudas con la sociedad y esté listo para regresar a ella después de cumplir su condena con represión de su libertad.

Sin embargo, vosotros sabéis que ese sistema no ha funcionado ni funcionará jamás. Los psicólogos y los sociólogos conocen a ciencia cierta que existen otros medios más eficaces. Esos nuevos programas que lograrían la verdadera rehabilitación de los seres desviados, demandarían más dinero y cambiarían los sistemas judiciales actuales. Estas son las razones por la que los peritos en la materia no son escuchados. Las frías estructuras represivas que se mercadean como cualquier otro producto se irán debilitando y cayendo por sí mismas hasta que la Reforma Judicial sea exigida. La sociedad habrá comprendido entonces, que la Justicia no trabajaba para ella sino a favor del crimen, el vicio, la corrupción y las ganancias fabulosas de los abogados.

La Verdad a Través de la Meditación

Nada es inamovible en el mundo físico de la Tercera Dimensión, los procesos se cumplen, los imperios nacen, crecen y se desarrollan hasta cumplir sus misiones, para luego caer como cae el sol en el concierto de su constelación. Así los poderes de seres humanos decaen y mueren para ser reemplazados por los nuevos que llevan más cerca de la Verdad. Al menos, debéis tener consciencia que en este momento estáis viviendo y aportando vuestro esfuerzo en la organización de una justicia todavía decadente y corrupta. Debéis mantener la mente alerta porque vosotros sois en cierta forma cómplices de estos deslices y estos errores, que se ejecutan en nombre de la Justicia. Debéis crear la consciencia colectiva de que una Reforma urge al menos para reparar los daños fundamentales. Si os conformáis con detectar los vicios y las indecencias para lamentaros sin hacer nada, jamás seréis activos reformadores y no prepararéis el planeta para la Sociedad Futura. Los seres conscientes de estas necesidades esperan el aporte de las voluntades de quienes ya están despiertos. Vosotros debéis demostrar que estáis concientes y que os importa todo lo que ocurre en la Tierra y en vuestra época de vida. Los que comprendan y vivan una existencia mucho más larga que el período de vida actual, tienen ya una consciencia actuante. Lógicamente, que quienes creen que la vida física termina con la muerte, no pueden proyectarse hacia la convivencia fraternal de todo el orbe, porque no creen que la evolución del planeta los alcance. Ellos comprenderán su error porque entonces ya estarán en una siguiente encarnación cuando hayan decidido la importancia del regreso a este campo experimental que es la Tierra. Los conceptos filosóficos y sicológicos entonces, serán muy importantes para la Nueva Orientación de la existencia.

Cuando las nuevas encarnaciones entren a formar parte de la sociedad futura, se operarán muchos cambios. Entonces seréis partes actuantes y capaces de reparar muchos problemas sociales, asegurar la supervivencia y la conservación de los recursos naturales fundamentales para la vida. ¿Comprendéis por qué los cambios no podrán producirse en los que no se preparen a aceptar sus errores y reformar su vida actual? No olvidéis que actuaréis acorde con esta comprensión y si esto no ocurre es porque no existe verdad en vuestras consciencias, o habéis buscado guías y conocimientos en seres equivocados y en la oscuridad. Recordad que el camino es iluminado con la práctica de la meditación en silencio y dentro de vosotros mismos. Jamás serán demasiadas las veces que os lo repita: En cuanto a los sistemas y técnicas que utilizaréis para recorrer ese camino íntimo e interior, no os engolosinéis con las sofisticadas ventajas que prometen milagrosos resultados. Creedme cuando os digo, que cuanto necesitáis para poder concentraros, es silencio y una completa quietud interior. Por ejemplo, se puede estar rodeado de silencio, pero con un huracán de inquietudes interiores y entonces el primer acercamiento ya estará fallido. Se puede estar en medio de la tormenta con un remanso de quietud y paz interior. Primero debéis conseguir este estado de paz que será posible al principio, si lográis establecer un silencio total y que calméis vuestras afiebradas mentes. Paz, silencio y quietud total en vuestras mentes y cuerpos y habréis dado el primer paso hacia adelante. Tal vez, para este primer logro necesitaréis varios días o semanas, pero no luchéis contra los inconvenientes, predisponeos cada vez que comenzáis un ejercicio afirmando que estáis en paz, en sosiego y en quietud infinita. Estas palabras u otras que signifiquen lo mismo para vosotros, serán suficientes si son repetidas serenamente, en vuestro interior o en voz alta, pero modulada con suavidad. Ellas os estarán llamando a entrar en el silencio de vuestro Templo. Luego, cuando ese silencio se funda en vosotros estaréis en las primeras fases de la meditación. Con práctica, estas palabras u otras os llevarán automáticamente al estado meditativo entrando por el proceso de la quietud y la paz que tomará fuerza y se hará parte de vuestra consciencia que os acompañará todo el día. Entonces habréis aprendido a vivir en constante meditación.

Deberéis establecer desde el comienzo, dos horarios fijos para la meditación diaria, a la que dedicaréis no menos de veinte minutos o media hora por vez. Después de este avance y ni bien hayáis logrado esta infinita paz interior, deberéis empezar a trabajar con vuestros músculos para poder establecer un control sobre ellos y sobre todos sus movimientos. El cuerpo os provocará reacciones musculares o cierta incomodidad física. Cuando esto ocurra, no le prestéis ninguna atención porque él estará tratando de extraeros del silencio y de la paz. Sólo si ignoráis todas sus manifestaciones dejará de fastidiaros. Mas tarde, con la mente y el cuerpo en completa quietud y paz, deberéis inspirar profundamente y sostener la respiración suavemente en vuestros pulmones, por algunos segundos, y luego expelerlo en la misma forma. Podéis hacer este ejercicio entre cinco y siete veces. Entonces, enfocad vuestra atención en el punto céntrico que existe entre vuestros ojos y sobre la parte alta de la nariz. Registrad en ese lugar vuestra atención y no os alteréis por los distintos rayos de luz o las figuras que allí puedan producirse. Mantened la atención fija, ejercitad elevando suavemente los ojos, siempre manteniéndolos cerrados hasta que sintáis un suave tirón en los músculos oculares. Esto significa que debéis detener el ejercicio en este punto tanto tiempo como os sea posible. Para ofrecer una explicación más concreta: imaginad que estáis mirando hacia adentro de vuestro cráneo y hacia el centro de la corona de vuestra cabeza. Quizá este ejercicio os resulte difícil al principio y os canse levemente los músculos oculares, pero debéis insistir en hacerlo varias veces cada vez que meditéis.

Cuando dominéis el ejercicio podéis dejar fijos esos músculos hacia arriba sin que os cause ninguna incomodidad.

La postura del cuerpo deberá ser preferiblemente sentado con la espalda erecta, si es posible con las piernas en posición de loto, sobre una tela limpia y blanca que se colocará sobre el piso. Podéis utilizar para vuestra comodidad almohadones que permitan que todos los músculos, especialmente de las piernas estén en completo relajamiento. Recordad que cualquier molestia física hará más difícil lograr un proceso positivo de la meditación. Esta posición cómoda os permitirá olvidaros de vuestro cuerpo y estaréis en óptimas condiciones para que las anteriores sugerencias cumplan su cometido efectivamente. Os recomiendo la meditación diaria, que guardéis un horario establecido, y que vayáis acrecentando el tiempo de dedicación hasta que alcancéis al menos una hora por sesión.

Cuando la meditación forme parte ya de vuestros días y lleguéis a interpretar el acercamiento a vuestro propio ser verdadero; todos los caminos se habrán abierto para que se establezca la comunicación y extraigáis de ella la Sabiduría y el Conocimiento de la Verdad. Entonces sólo os contestareis. ¿Quién soy? ¿Para qué vivo? Muchas preguntas hallarán respuesta en vosotros porque la claridad estará marcando una línea recta hacia la Verdad; y habréis comprendido recién cuánto tiempo habéis desperdiciado de vuestras vidas. Cosas y actos que considerabais importantes hasta unos días antes pasarán a carecer de sentido alguno. Comenzaréis a reformar vuestros gustos en la forma de divertiros, refrenaréis muchos intereses materiales y físicos, que automáticamente dejarán de exigiros la atención que siempre requirieron de vosotros. Creedlo o no, que al encontraros con vuestro ser verdadero tendréis la oportunidad de comenzar a vivir una nueva vida. No será ya aquél que la sociedad, los prejuicios y las vanidades ridículas formaron. Lo más importante de destacar, es que empezaréis a sentiros mucho mejor y más felices con la personalidad real e íntegra y que pronto os olvidaréis de la anterior. Llegaréis a comprender entonces, cuan importante es el rol que deberéis cumplir en esta existencia, dejando a un lado el desperdicio de vuestro tiempo. Lógicamente, que la visión filosófica de vuestro mundo operará un cambio que será la energía que pondrá en marcha y dará paso a la Transformación Fundamental del Planeta Tierra.

Comprended, hermanos míos, la importancia de esas meditaciones diarias. Por ellas alcanzaréis el Conocimiento y llegará el momento en que viviréis en estado meditante, porque estaréis extrayendo Conocimiento y Verdad de esa fuente inagotable que es Dios. Los continentes de comprensión se abrirán completamente cuando el ser se conozca a sí mismo y comience a entender realmente la razón de su venida a esta vida. Esa comprensión será la piedra angular del Conocimiento, y la Meditación un medio accesible a todos para llegar a él. Nadie dudará de sus efectos y muchos que hoy deambulan por los oscuros pasadizos de las drogas y los vicios, comprenderán que no han recibido ayuda alguna de esas conductas y renegarán de quienes quieran empujarlos a esos abismos. Los mercaderes de la ficticia felicidad de ese mundo morirán por el peso de ellos mismos. No podrán encontrar mentes ni oídos abiertos a sus sugerencias. Meditación, será la gran palabra de la Verdad y de los Milagros que el ser humano realizará con una inspiración desconocida hasta ahora por él. No habrá caminos que hoy el egoísmo llama difíciles, que los seres humanos no sean capaces de recorrer sin quejas y con el afán por hacer su sociedad más perfecta. Nada los detendrán para lograr el ideal de mejorar su sociedad. En su dimensión nueva pondrán entonces en acción las palabras: "AMARÉIS A VUESTRO PRÓJIMO COMO A VOSOTROS MISMOS." Las bases fundamentales de la Meditación no son, ni más ni menos, que las mencionadas anteriormente, pero deberéis ser muy fieles a su rutina diaria si queréis adelantar. La instrucción personal de un Maestro, así como seguir en el camino del encuentro con vuestra verdadera entidad puede ser de gran ayuda, siempre que tengáis en cuenta que el esfuerzo y la búsqueda es vuestra. Nadie puede prometer vuestra realización por su influencia o labor y quien así lo hiciera os estará ofreciendo una puerta que conduce a un pasadizo sin salidas. "La Verdad no se encuentra escondida detrás de las sofisticaciones, el misticismo, ni los métodos rebuscados. El camino hacia ella es directo, aunque largo, trabajoso y requiere mucha entrega y paciencia. Todos los atajos retardan la marcha.

Tradiciones Filosóficas

Existe gran interés y a veces un poco de preocupación, por la cantidad de movimientos organizados para la difusión de ciertas doctrinas y disciplinas entroncadas en la filosofía orientalista. Mucha repercusión ha ganado este movimiento, especialmente, porque es nuevo para el mundo de occidente que está viendo el fracaso de sus sociedades. La verdad es que sin equilibrio no hay orden, y sin orden no hay progreso aunque se cuenten con miles de evoluciones técnicas y científicas. Quienes están al frente de estas disciplinas pueden ofrecer mucha ayuda, si son honestos, y tienen una alta inspiración espiritual para guiar a los novicios. Sin embargo, vuelvo a repetiros, que la fuente auténtica de la Verdad emana de vosotros mismos y que el maestro es sólo la luz que señala un camino, y la realización debe operarse en el encuentro con vuestro propio ser.

Esperamos que quede entendido que el ser humano es dueño de esa Sabiduría, del Conocimiento y que le basta llegar a ellos para poder utilizarlos. Se debe recordar que el viaje comienza y termina en el despertar de vuestras consciencias. No esperéis que hayan de concluir todos los dolores porque ese avance se desarrolle en una vida mejor y más completa en la Tierra. El hecho constante será que se seguirá experimentando porque se deberá seguir una continua tarea de perfeccionamiento. Aún cuando el planeta completo haya dado un paso adelante, no querrá decir que se encuentre en el estado ideal. Todavía habrán de producirse circunstancias de prueba para el ser humano, circunstancias que imperarán en ciertos ciclos y que el deberá superar y resolver. Lo único que habrá variado fundamentalmente es que tendrá más conocimiento. Por ello, vivirá esas experiencias y pruebas en total claridad de lo que significan para su desarrollo y perfeccionamiento. Nada es casual hemos dicho y eso ya lo habrán aprendido bien las generaciones futuras. Ellas también conocerán la forma de aislar a las fuerzas negativas porque sabrán que en cada acto, en cada pensamiento de adoración del ego o del cuerpo, estará implícita la presencia de los medios que atarán a este ser a la Tierra.

Notad que me he referido a la adoración o sea a la incondicional entrega sin medidas. Conservación y respeto por el cuerpo debe existir. Lo que no puede permitirse es que él se convierta en pasto de bajas pasiones y depravaciones porque eso no lo conserva ni lo preserva. Debo aclarar esto para evitar que alguien llegue a pensar que la Tierra será un Edén perfecto. Muchos de vosotros aún estáis en procesos evolutivos muy primarios para creer que el avance pueda realizarse tan majestuosamente. Sólo con dar una mirada alrededor del mundo basta para comprender cuán lejos estáis aún de la perfección. Nadie retrocederá a ese nivel si ha alcanzado un estado depurado y completo dentro de la personalidad integral del Ser. Será fácil deducir que mientras exista el ser humano como vosotros lo conocéis ahora sobre la Tierra, será porque aún debe andar caminos hacia el perfeccionamiento. Las otras manifestaciones en el Universo lo liberarán de la pesada carga de un cuerpo físico con funciones tan primitivas.

Para que el ser humano llegue a sus orígenes perfectos debe ir perdiendo sus capas físicas. Las evoluciones lo irán colocando en distintas manifestaciones hasta que llegue a su esencia y Fundamento Primario. No es difícil pensar que la mayor parte de los seres estamos en el plano de las evoluciones y no, en el de la esencia. También hay seres que están en total ignorancia y pretenden hacer uso de ella para bajo fines. Estos son los que se prestan e inspiran a quienes utilizan el poder negativo. Ellos se vanaglorian de sus miserias y se satisfacen en sus bajos instintos. Por esto, es que vosotros jamás debéis prestaros a ningún acto ni siquiera pensamiento negativo si sois canales abiertos porque podéis ser utilizados para sus fines. Los que habéis avanzado lo bastante sabréis ubicaros en este respecto y reconocer las vibraciones. Recordad que cuanto más alto el nivel moral y espiritual más inalcanzable sois para estas bajas manifestaciones. Aunque no podáis creerlo, aún existen en el mundo millares de seres humanos que creen utilizar poderes que les han sido conferidos. Sin embargo ellos son solamente el vehículo que utilizan los bajos niveles espirituales para sus satisfacciones. Cuando la humanidad comprenda y deje de prestarse a ellos, harán un gran bien a estos seres aún en la ignorancia. Mientras este intercambio continúe, estas ataduras de entidades bajas y seres humanos se estarán prestando para la negatividad y el atraso. Además de dañarlos a ellos, bajan la vibración de la Tierra que no necesita de estas manifestaciones para soportar aún más problemas que los que deberá enfrentar. Es noble y valedera la tarea de tratar que esas entidades regresen a sus fuentes de orígenes y recomiencen los caminos hacia la perfección.

La Consciencia y la Justicia

Hemos definido que el ser humano del futuro tendrá más conocimiento, pero no dijimos que será un ser perfecto. Los seres que alcanzan la perfección sólo se encuentran en la dimensión física para cumplir misiones. Los seres elevados a ese plano se comunican también con la Tierra a través de Maestros que son portadores de su voz y palabra. En realidad estos Maestros trasmiten las esencias filosóficas de estos seres. Lo más difícil tal vez de entender para vosotros, es que muchos seres humanos que habéis condecorado y enaltecido por sus obras en la Tierra y cuyos nombres recordáis con veneración, no son precisamente los que se encuentran en esos niveles. Las medidas de las virtudes en vuestro planeta son tan equívocas, que pasáis junto a la Luz y la Verdad y no la reconocéis. En cambio, os rendís con admiración ante seres humanos que están muy lejos de asomarse a la perfección. Por esta razón, es tan importante que hagáis una revisión de los valores y los conceptos con los que habéis programado vuestras existencias terrenales. Ellos os indican ciertas conductas que a vuestro juicio son buenas o malas. Son aceptables o inaceptables y juzgáis por ellas a vuestro hermano como si vuestra vara fuera la Justicia. No sabéis que muchas veces sois esclavos de vuestros propios errores, de vuestras debilidades y de la potencia indiscutible del Ego quien se complace en ser Juez y Verdugo. Con la misma injusticia creáis un héroe o condenáis a un reo. Con la misma injusticia no os dais la oportunidad de crecer vosotros mismos, porque estáis muy ocupados en dificultar el crecimiento ajeno y en negarle a vuestro semejante el derecho de descubrir y reparar sus propios errores.

Es muy importante que os encontréis a vosotros mismos. Frente a vuestro ser integral sabréis que debéis preocuparos por mejorarlo y no os quedará tiempo para pensar en los demás.

Así como ni es preciso ni saludable que os preocupéis por cincelar personalidades ajenas, tampoco lo es que las aceptéis como dioses y os rindáis a ellas. Recordad que quien repara y ofrece beneficios a ese mundo está recibiendo el mejor pago. Vosotros podéis convertiros en obstáculos de ese esfuerzo formando un coro de alabanzas a esa persona y equivocando sus pasos. Todo sería más simple si no os empeñarais en intervenir de una manera o de otra en la vida ajena. Si los amáis cumplís ya con todos los preceptos. Con ese amor haréis mejor y más que con todos los juicios, las condenas o las adulaciones. Ofreced siempre Paz y Amor y habréis brindado lo que más ayuda y lo que se requiere para señalar el camino de la perfección y la verdad. Ninguna adulación, corrección o juicio hará más por vuestro semejante. Dejad las críticas y los castigos para que sean ejecutados por la única mano que conduce a la corrección y el perfeccionamiento. La mano del mismo ser que se ha equivocado. No pretendáis reformar una ley que pertenece a un gobierno que rige Condiciones Universales. Recordad que muchas veces vuestros actos de protesta y de condena nacen de vuestras propias debilidades, las que al no ser satisfechas, se rebelan y exigen reparación. Tened presente que de los actos de otros también recibís oportunidad de probar vuestros adelantos y vuestra comprensión. Es muy fácil aceptar las palabras y los actos que nos complacen. Sin embargo, lo que importa es que seáis tan benevolentes cuando vuestro semejante penetra en una faceta de vuestra personalidad donde choca con vuestros conceptos. Es siempre el ego el que primero se opone a esa intervención molesta y el que se levanta para lavar la ofensa de la intrusión. El ego es el que juzga y castiga aunque sepa que no repara en nada al ser que tiene enfrente. Tened cuidado entonces y no volváis a los pasos primarios de su dominio. De la mano del ego se caminan muy rápidos los pasos del retroceso.

CAPITULO TRECE

Guía Para Los Que Caminan Hacia Los Grandes Cambios

Meditad, Hermanos y Hermanas, dejad volar vuestros seres por encima de la Tierra para ver el panorama completo de lo que vinisteis preparando para una eternidad. No malgastéis el tiempo buscando las correctas justificaciones para vuestros actos débiles o bajos, emplead ese tiempo en reconstruir, en reparar y llegar a la Paz tan ansiada que estará entonces con vosotros.

No prestéis vuestros oídos a las ilusiones de quienes proponen grandes soluciones a los pueblos. Estas llegarán solamente por un conducto de normal evolución en las mentes de sus ciudadanos. A un pueblo habitado por densos y bajo niveles de evolución no lo veréis caminar graciosamente hacia la paz y el entendimiento. Los pueblos como las naciones no son nada más que grupos de seres que reciben ciertas órdenes de conductas, y una determinante programación que les ofrece el medio. Todo responde a esos órdenes y a esa programación para poder vivir y desarrollarse. Los que se apartan de ellos son juzgados y sentenciados por la sociedad que habrá de expulsarlos de su seno. No es mi labor en estos momentos explicar realmente los motivos por los que las sociedades se han constituido de esta manera. Debo sólo alertaros para que comprendáis que es necesaria la reestructuración de esos medios que agrupan mayormente a las fuerzas de la negatividad. Desde el mismo cordón que une gobierno con pueblo existe la corrupción. Esta corrupción altera la marcha del progreso dentro del gobierno y fuera del mismo. No olvidéis que hay pueblos en la Tierra que señalan el camino a otros que viven a su abrigo. Los fuertes sirven de ejemplo siempre a los débiles y si los fuertes se destruyen, los débiles se aniquilan. Por eso la limpieza y la higiene de la depuración son necesarias. Ya sabéis porque os lo anuncié hace tiempo, que veríais días en que se exponga la corrupción. Las más secretas y peligrosas organizaciones serán descubiertas y juzgadas al desnudo. Son las cosas más sencillas las que marcan los Grandes

Cambios que se irán operando. Detectad esas manifestaciones que se encuentran ya en los actos diarios de la humanidad y de los pueblos. Veréis que la práctica y la adhesión a los bajos niveles serán rechazados por las consciencias de quienes vayan despertando, y surgirán nuevos movimientos y otras personalidades de ciencias depuradas con altos principios de Humanidad, Amor y de Paz.

No esperéis que las soluciones os lleguen de los gobiernos o los políticos. El mundo no cambiará por ellos porque ellos rechazan el cambio. Los que necesitarán el Cambio se unirán a la fuerza filosófica, espiritual y mental, sirviendo al Bien y al Amor. Ellos verán caer a pedazos las estructuras de las mentiras, las vergüenzas y las injusticias. Ya os los dije, no ignoréis la fuerza de la acción de un solo ser humano, ni de cada uno de vosotros. Si estáis dentro de ella y comprendéis la esencia misma de este movimiento que os une y os proyecta hacia los demás como frentes de Amor contaréis con el triunfo en contra de las bajezas, las suciedades y la maldad de las órdenes impuestos.

Convencéos de vuestra fortaleza y sentidla en vosotros como una fuente inagotable de energía positiva. ¿Queréis un Mundo mejor para vosotros y para vuestros hijos? Releed y comprended estas palabras, y veréis hacer de ellas una energía, una fuerza maravillosa, que os llevará a esa conquista. No necesitáis para ello ni armas, ni muertes, ni guerras. Sólo precisáis vuestras mentes unidas y funcionado para la positividad. Necesitáis la fe de esa única y poderosa arma que nadie puede abatir. Tenéis que saber que toda la energía positiva tiene propagación y difusión para que pueda llegar a otros seres, y lo más importante es que sentiréis el Amor dentro y fuera de vosotros mismos porque estaréis funcionando en un solo polo, el positivo. Apartad todo mal pensamiento, desechad toda sugestión de ira, luchad contra la intervención de las tentadoras ofertas de placeres que puedan debilitaros, porque es de gran importancia vuestro mejor funcionamiento físico, aunque sin ser esclavos de él. Esto va también para las mesas demasiado nutridas que los convierten en adictos del paladar. Comprendemos que no es fácil y que nada puede suceder de la noche a la mañana. Lo importante es que suceda y que vosotros lleguéis a ser parte de este cambio hacia la positividad, la bondad, y el amor al prójimo.

Todo comenzará a cambiar en los pueblos cuando comprendan que no necesitan el servilismo hacia los políticos, y que no deben mirar hacia ellos en busca de solución alguna. Las soluciones están en la fuerza que poseen los altos niveles de consciencia y el poder de esta filosofía. Habéis estado practicándola desde los primeros caminos recorridos, aunque a veces creíais que estabais solos, que nadie os seguía y que nadie reparaba en vosotros. No debéis dar paso a estos pensamientos. Sois buenos y generosos, sois considerados amigos, amigas, hermanas, y hermanos de muchos, sois seres de piedad, sois entidades de Amor, y por lo tanto dais nacimiento a la fuerza positiva que regirá sobre el planeta.

No por muy precipitado los hechos podrán cambiar en nada. Nadie podrá empujar su desarrollo fuera de las limitaciones que rigen para concebir hechos y consecuencias que harán factibles los cambios. La urgencia, la presión y la impaciencia humana no podrán apresurar los procesos que tienen que cumplirse. Nosotros comprendemos que ver la Luz en las Tinieblas es tan inspirado que quisiérais convertir el barro en jardines y santuarios del espíritu. Pero, nada tan drástico traería bonanza, por el contrario enfrentamientos, luchas y guerras muy desventajosas, para el número de los que aún deben caminar hacia la Luz. Comprendo que los trabajos de hoy son menos halagüeños y generosos que los prometidos para la vida futura. Los trabajos de hoy son la elaboración de una nueva consciencia. Búsqueda, estudio y a veces cansancio aparentemente estéril; y el camino que se recorre con menos resultantes y muchos sacrificios. Sin embargo, ésta es la razón y la misión que hoy impulsa cada movimiento de vuestros músculos, cada emisión energética de vuestros cerebros y consciencias. Ya os dije que el período difícil era el de la siembra y no el tiempo glorioso y alegre de la cosecha. Sin embargo, si entregáis en este esfuerzo la inspiración que se encuentra en vuestro nivel, por cada semilla arrojada en el surco, contaréis con el instante único de la Creación. Entonces sentiréis la Gloria de crear con vuestras manos y veréis que donde antes existían solo hierbas agrestes e inútiles, van apareciendo tiernos y jugosos brotes que asoman sanos a una vida nueva. Comprenderéis entonces, que vosotros no la habéis despertado sino que siempre ha existido y existe constante y eterna en el Reino Universal. Dejad que las ansias inquietas empujen hacia delante los acontecimientos y preparad la tierra. Elegid los parches más propicios y no olvidéis que echar la semilla, no es tarea de ansiosos sino de pacientes. En el concierto de una eternidad no existen las premuras ni los procesos instantáneos. Porque quienes elaboran en ese nivel eterno, no tienen que permanecer bajo el dominio de ningún reloj mecánico que les asegure que es tarde o que es temprano. Cuando la hora del reloj Universal os alerte con su mudo sonido imposible de acallar, nadie podrá ignorarlo y no habrá llamado en vano. Medid por el único y verdadero tiempo y olvidaos de lo que desearías y cuándo. Recordad que estas malgastadas energías, sólo representan el deseo humano que siempre se niegan a aceptar los procesos en los tiempos dentro de los límites físicos de vuestra dimensión. Serenaos y meditad mientras os acopláis a vuestra verdadera labor.

El Despertar

No importa que la sociedad de hoy juzgue o absuelva el contenido de este libro. Importa sólo que despierte a los que estén ya preparados para emprender la marcha hacia el futuro. Aquél que en vez de agotar sus energías en las críticas y en el juicio destructor, se dedica a investigar y a la búsqueda de las respuestas para cada uno de sus interrogantes; quemará las etapas de la ignorancia y entrará en el Reino del Conocimiento que siempre ha estado a su alcance. Nosotros sabemos y aceptamos que los caminos de la negatividad están muy transitados y que para llevar a buen fin cualquier proyecto debemos contarla como parte del mismo. No por ello luchamos ni declaramos una guerra en contra de los que se encuentran en los planos de la ignorancia. Nuestro quehacer, así como el de aquellos hermanos que trabajan en la Tercera Dimensión, es esparcir la Verdad y alcanzar con ella a los que puedan acreditarla a favor de sus vidas. Sólo importa que el futuro gane el terreno necesario en la Supervivencia del planeta y que la Humanidad encuentre su entrada en el concierto Universal. No somos detractores de ninguna persona, idea, filosofía o religión; estamos a favor de la Verdad y el Progreso Espiritual que nos traen nuestros Maestros. Por ello, y para evitar confusiones os recordamos a todos los que levantéis nuestra bandera deberéis aceptar que servimos al Amor, la Paz, la Unión y la Concordia en este planeta. Jamás podréis establecer frentes de batalla en nuestro nombre. Nadie podrá hablar de fuerza o presión cuando esgrima nuestras palabras. Debéis también establecer en vuestras conductas que jamás prometeréis milagros, conquistas o satisfacciones que no sean generadas y elaboradas en el mismo ser y dentro de él. Repetimos que nadie puede prometer hacer el esfuerzo por otro. La realización individual es una de las leyes Universales que así como la Karmática, nace, crece, florece y da sus frutos en el individuo mismo.

Por lo tanto, cuando el Amor a la Humanidad os empuje en este camino para beneficiar sólo al objeto de vuestro amor humano, deteneos. No llegaréis a ninguna parte y sólo vais a entretener vuestro tiempo útil sin daros ni dar satisfacción alguna. Tened bien presente lo aquí dicho para evitaros decepciones y penas injustificadas. Sed conscientes que la Justicia Universal no necesita de vuestra preocupación para poner al alcance de cada uno de vosotros lo que habéis cosechado. Si alguien comprende, se entrega con amor y depone sus alardesególatras, abriendo la influencia benefactora de la consciencia del amor, la paz y la unión de todos los países del Planeta, y no necesitarán de vuestra ayuda para seguir el camino. En la Cuarta Dimensión es nuestro deseo que todos se conviertan en portadores del progreso para el Mundo Nuevo.

Siempre existe una razón que lo explica todo. No debéis escudriñar febrilmente en vuestros cerebros tratando de extraer de él las respuestas de los Designios Universales. Esas explicaciones llegarán a vosotros sólo cuando estéis preparados a recibirlas y no será vuestro cerebro sino vuestras consciencias las que os dirán la Verdad. Comprended que cada paso es de igual importancia y significación. No podéis pasar por alto un capítulo sin haber leído todas las páginas de ese libro para su comprensión. Los ciclos atienden y se rigen por el tiempo Universal que no conocéis en vuestra dimensión. Lo que deseáis que ocurra hoy, pudo haber sido en la cuenta Universal hace un millón de siglos y lo que pretendéis para mañana probablemente esté representado en el orden del Universo en lo que para vosotros es hoy. Tal vez un ejemplo más físico para vuestra estructura sea el siguiente: ¿Habéis intentado alguna vez leer un libro de treinta dos capítulos, comenzando por el capítulo treinta, leyendo luego la veintidós y enseguida el primero? Jamás tendréis frente a vosotros la esencia verdadera de ese libro. Apenas contaréis con un equivocado fragmento de los tres capítulos. Sirva este simple ejemplo para quienes se afanan por subir a sus amados terrenales a este tren que ya está en marcha. Este tren sale continuamente de su estación numero uno. Para hacer un viaje integral y placentero se debe partir de ella. Los que inicien el viaje en la estación equivocada deberán regresar al punto de partida, y con mucho pesar comprobarán que en vez de avanzar han perdido el tiempo de la ida y el regreso, sin lograr más comprensión y sí mucha confusión.

Debéis estar concientes de las reacciones que se obtendrán frente a este nuevo concepto de la convivencia humana. Muchos se alejarán, otros cerrarán sus oídos, algunos se burlarán y habrán los que se horroricen. Ninguno de ellos sería parte de vuestro grupo, porque cualquiera de primera intención no lo intentarán. Tal vez los que deseen dedicar tiempo a la investigación, sentirán que desean abrir las puertas que ya sabían que existían, pero jamás las habían encontrado. Ellos serán los que están preparados para empezar sus labores de evolución. Muchos regresarán a la oscuridad por la misma puerta que entraron y tal vez regresen nuevamente por ella. Sea como fuese jamás intentéis detenerlos. El libre albedrío es la ley Universal que ningún ser que esté bajo los designios del Futuro puede transgredir. Además los complicados hilos del Karma individual o de Grupo pueden estar reclamando ciertos órdenes y compensaciones que obligan a estos seres a hacer un alto o un regreso en su camino. No os atribuyáis por ello fracasos ni triunfos, no estáis en este programa para realizar acopios de trofeos ni para recibir satisfacciones personales. Vuestro trabajo es como el del labriego que prepara la tierra con amor y espera el momento propicio para hacer la siembra. Cada semilla tiene las mismas posibilidades para germinar. El labrador creó esas posibilidades al preparar la tierra, pero del germinar de la semilla él no es responsable. En cada semilla esta implícito el programa de su propio destino.

Vuestras voces llaman y pueden escucharse a lo largo de las campiñas, las montañas, la ciudades, y las grandes metrópolis. La voz de la Verdad es clara y puede ser escuchada por todos. Los que no preguntan y escuchan indiferentes y siguen sus labores afiebradas necesitarán un llamado aún más claro. Debéis sentir vuestra la responsabilidad de aquél que está sordo o ciego porque él también es un ser humano y lo amáis. Si quien escucha vuestra voz quiere conocer la Verdad y cómo se llega a ella habremos cumplido entonces parte de nuestra misión y nos quedará sólo señalar el Camino. Vuestra ayuda será vital para quien desee recorrerlo por sí mismo. El deberá encontrarse con su verdadera imagen, con su realización y su destino. Recordadle que él no es quien refleja el espejo solamente y que cuando descorra el velo de sí mismo, su propia consciencia y su espíritu verdadero, necesitará paz y concentración para la revelación que podrá cambiar su vida. Vosotros entonces recién comenzareis a guiarlo, si así él os lo pidiera.

Sólo cuando tengáis la imagen y la voz completa de vosotros podréis desnudarlo ante vuestro verdadero rostro. Recién en este instante comenzaréis a componer la personalidad de vuestras aspiraciones. Recordad ser siempre justos y humildes y aceptar que estáis muy disfrazados de ego y de mentidas virtudes. Debéis estar dispuestos a arrancaros vuestras ropa con las manos que os reivindicarán de las vestiduras con las que habéis ocultado vuestra verdadera personalidad. No penséis que podéis engañar a nadie y cuanto menos engañaros a vosotros mismos. Cuando rescatéis la imagen de la Verdad que vive eternamente en vuestro ser, habrá caído el último velo que ocultó la completa entidad. Entonces, vuestro camino estará al comenzar y vuestro tren al partir.

Para Todos

Vosotros poseéis ya los elementos básicos para la Nueva Era. Ahora lo que necesitáis es construir el albergue. Vosotros sois como los materiales físicos que realizan las mezclas y unen los ladrillos. Lo que es indispensable ahora para realizar la obra son los planos, los arquitectos y los obreros. No se pueden echar los cimientos sin planos bien calculados para que resistan la estructura que van sostener. Deberéis estudiar concienzudamente cada línea trazada y obrar sin presiones de tiempo ni improvisaciones. Poco a poco, veréis que vais cubriendo todas las necesidades con inusitada inspiración, pero no sin dedicado trabajo. Pensad en la labor maravillosamente organizada de las hormigas y en su nivel de consciencia. Os sorprenderéis de la tremenda tarea y la obra que estos insectos realizan. No es para ellos más pequeña la empresa que realizan, que la que vosotros os proponéis. Sin embargo, con orden, coordinación y perseverancia ellas os prueban que es posible realizarla. Los planos a los que os veréis consagrados en los futuros esfuerzos serán trazados con larga labor y mucha coordinación. Todos vosotros que habéis alcanzado el nivel del entendimiento necesario, debéis poneros en coordinación y en un punto central de contacto. Lo que vosotros brindaréis a los que deseen aportar su colaboración será el camino hacia ese punto. Esparcir la semilla es un paso, verla dar su fruto es otro, recoger ese fruto y canalizarlo para que ofrezca nutrimiento es el camino final. El trazo de ese camino y la estructura que albergará al Mundo Nuevo no es obra que requiera pocos esfuerzos. Deberéis permitir que se acerquen todos aquellos que estén dispuestos a la labor.

Nada se habrá perdido de las labores y las luchas de estos días. Recordad que estos son los pasos preparatorios y que deberán darse en todas las direcciones posibles. Cuánto más grande sea el radio de acción que abarque la difusión, más grandes serán las posibilidades de expandir la consciencia humana y salvar al planeta Tierra.

Deseamos que comprendáis que cuando hablamos de conocimiento, no nos referimos sólo a la sabiduría de los grandes intelectos sino a la sabiduría que encierra la Verdad Única y que revela la existencia de la identidad del ser verdadero. Ya que después de ese contacto y de esta revelación todo lo que os sea necesario o imprescindible estará a vuestro alcance. Sólo necesitaréis abrir el canal de comunicación con los Maestros Siderales. Aunque no tenéis que olvidar que vuestras ciencias, técnicas y filosofías tienen milenios de atraso con respecto a las organizaciones siderales. Sin embargo, vosotros podéis poneros en nuestro contacto siempre que vuestros canales permanezcan puros y no mistifiquen las comunicaciones con especulaciones mentales o de índole político, religioso, económico o personal.